Abrazando tu Ser

Descubre el poder del Amor Propio

DEDICATORIA

Este libro está dedicado a todos aquellos que han sentido alguna vez que su voz se perdía entre las sombras. A quienes han luchado por recuperar su poder y su lugar en el mundo. Que estas páginas sirvan como luz para encontrar su camino hacia la autonomía y la libertad personal.

"En cada abrazo, encontrando tu ser,

descubro un universo de ternura y

fuerza, un espacio donde el amor y la

comprensión se entrelazan de forma

inquebrantable."

Tabla De Contenido

"Abrazar tu ser es el primer paso hacia un amor propio inquebrantable, donde cada aspecto de ti es celebrado como una pieza única e indispensable del mosaico que eres."

introducción

Este libro no es solo un conjunto de palabras e ideas; es un faro de luz en el camino hacia el amor propio, una brújula que te guiará a través de los valles y montañas de la autoaceptación y el crecimiento personal.

Aquí, en este espacio sagrado de exploración y reflexión, te animo a dejar a un lado las máscaras y las capas que has acumulado a lo largo de los años—las expectativas, los miedos, las dudas—para revelar la esencia pura y brillante de tu ser.

Cada capítulo, cada palabra, está diseñada para acompañarte en este camino de autoconocimiento, ofreciéndote herramientas, ejercicios y meditaciones que iluminarán tu sendero. A través de estas páginas, aprenderás a escuchar tu voz interior, a abrazar tus sombras y tu luz, y a celebrar cada paso, cada descubrimiento sobre ti misma

"Ama cada rincón de tu ser con la certeza de que en la aceptación de ti mismo yace la clave para florecer en plenitud y armonía."

Capítulo 1: Descubriendo tu Valor

Estás a punto de iniciar uno de los procesos más significativos y transformadores de tu vida: el camino hacia el descubrimiento de tu propio valor. Es un proceso que no requiere que te muevas físicamente de donde estás, ni que prepares nada especial. Sin embargo, es posiblemente el más desafiante y enriquecedor que emprenderás. Porque este camino te conduce hacia lo más profundo de tu ser, hacia ese lugar sagrado donde reside tu valor intrínseco.

Quizás te preguntes, "¿Cómo doy inicio a este proceso? ¿Cómo descubro mi propio valor?" La respuesta es sencilla y compleja al mismo tiempo: comienza con la decisión de mirarte a ti misma con ojos de comprensión y amor, en vez de crítica y juicio. Este capítulo te guiará a través de este proceso, ayudándote a reconocer y abrazar el valor que ya existe dentro de ti.

Te encuentras en el umbral de uno de los viajes más significativos y transformadores que jamás emprenderás: el viaje hacia el descubrimiento y apreciación de tu propio valor. Este viaje no requiere de ti que cambies de ubicación, ni que prepares equipaje alguno. Sin embargo, está destinado a ser uno de los más desafiantes y, al mismo tiempo, más enriquecedores que enfrentarás en tu vida. Porque este camino no te lleva hacia el exterior, sino hacia adentro, hacia las profundidades de tu ser, al lugar sagrado donde reside tu valor intrínseco, esperando ser descubierto y celebrado por ti.

Te estarás preguntando, "¿Cómo empiezo este viaje? ¿Cómo puedo descubrir mi propio valor?" La respuesta es, a la vez, sencilla y compleja: comienza con la decisión consciente de mirarte a ti misma con ojos llenos de comprensión y amor, en lugar de crítica y juicio. Este capítulo está diseñado para ser tu guía a través de este proceso esencial, ayudándote a reconocer, aceptar y abrazar el valor que yace en tu interior, a menudo oculto por las sombras de la duda y el temor.

Paso 1: La Autoobservación Consciente

Te invito a emprender un proceso transformador, uno que comienza en el sagrado espacio de la introspección y la autoobservación consciente. Este camino hacia el autoconocimiento es fundamental, pues te permite descubrir las capas más profundas de tu ser y abrazar plenamente tu autenticidad. Dedicar momentos de tu día a simplemente estar contigo misma, sumergida en la quietud de tu propia compañía, te ofrece una ventana hacia el alma, revelando tus pensamientos más íntimos, tus emociones más crudas y cómo reaccionas instintivamente ante las situaciones que la vida te presenta.

La Autoobservación Consciente: Tu Brújula Interior

Creando Espacio para Ti: En nuestro mundo acelerado, tomarse un momento para simplemente ser, sin distracciones ni obligaciones, es un acto de rebeldía y amor propio. Encuentra esos momentos en tu día, quizás al amanecer, cuando el mundo todavía duerme, o en la tranquilidad de la noche, para sintonizar con tu ser interior.

Escuchando Tus Pensamientos: Cada pensamiento que cruza tu mente tiene el poder de influir en tu percepción de ti misma y del mundo que te rodea. Algunos te elevan, mientras que otros pueden llevarte a cuestionar tu valor. Aprende a escuchar estos pensamientos sin apegarte a ellos. Imagina que eres una observadora, viendo pasar tus pensamientos como nubes en el cielo, reconociendo su presencia pero sin dejar que dicten tu estado emocional.

Navegando por Tus Emociones: Las emociones son el lenguaje del alma, una guía hacia lo que verdaderamente importa para ti. Permítete sentir cada emoción plenamente, ya sea alegría, tristeza, miedo o gratitud. Cada una de ellas te ofrece información valiosa sobre tus necesidades y deseos más profundos.

Reflexionando sobre Tus Reacciones: Observa cómo reaccionas ante diferentes situaciones. ¿Hay patrones que se repiten? ¿Tus reacciones te acercan a quien quieres ser, o hay aspectos que te gustaría cambiar? Este nivel de autoconciencia es poderoso, pues te da la clave para transformar tu realidad, una reacción a la vez.

La autoobservación consciente no es un ejercicio de juicio o crítica, sino una invitación a conocerte y aceptarte en toda tu complejidad. Al entender cómo te percibes y cómo estas percepciones moldean tu realidad, abres la puerta a un mundo de posibilidades para el crecimiento personal. Es aquí donde comienzas a darte cuenta de que tienes el poder de cambiar tu narrativa interna, de elegir qué pensamientos y emociones alimentar y cuáles dejar ir.

Pasos Prácticos para Cultivar la Autoobservación

Diario Personal: Dedica tiempo cada día para escribir en un diario. Reflexiona sobre tus pensamientos, emociones y reacciones. Este acto de poner palabras a tu experiencia te ayuda a procesar y entender tus vivencias de manera más profunda.

Meditación y Mindfulness: La práctica regular de la meditación o mindfulness te enseña a estar presente y a observar tus pensamientos y emociones sin juicio. Incluso unos pocos minutos al día pueden tener un impacto significativo en tu capacidad para mantenerte centrada y consciente.

Tiempo en la Naturaleza: La naturaleza tiene una manera mágica de abrirnos a la reflexión y la introspección. Pasa tiempo al aire libre, permitiendo que la simplicidad y la belleza del mundo natural te inspiren a conectar con tu esencia.

Comunidad de Apoyo: Comparte tus experiencias de autoobservación con amigas o en grupos de apoyo donde te sientas segura y entendida. Escuchar y ser escuchada puede ser increíblemente validante y enriquecedor.

La autoobservación consciente, te estás dando el regalo del autoconocimiento y la autoaceptación. Recuerda, cada paso que das hacia entenderte mejor a ti misma es un paso hacia una vida más plena y auténtica. Este es tu momento para brillar con luz propia, celebrando la única e irrepetible persona que eres.

Paso 2: Desmantelando la Autocrítica

En el amor propio y la autoaceptación, uno de los desafíos más grandes que enfrentamos es nuestra tendencia hacia la autocrítica. Este hábito arraigado de juzgarnos severamente puede convertirse en una barrera formidable, impidiéndonos ver y abrazar nuestro verdadero valor. Sin embargo, reconocer y transformar esta tendencia es posible y profundamente liberador. Este capítulo se dedica a explorar cómo la autocrítica a menudo se convierte en nuestro mayor obstáculo y cómo, paso a paso, podemos aprender a identificar, cuestionar y finalmente superar esos pensamientos críticos que limitan nuestro crecimiento personal.

Reconociendo la Autocrítica

La autocrítica surge de una voz interna que constantemente evalúa y, a menudo, devalúa nuestras acciones, pensamientos y sentimientos. Es una voz que nace de experiencias pasadas, expectativas sociales y presiones que hemos internalizado a lo largo de nuestra vida. Para comenzar a liberarnos de su peso, el primer paso es reconocer cuándo y cómo emerge esta voz. Presta atención a los momentos en que te encuentras minimizando tus logros, dudando de tus capacidades o castigándote por errores. Estos son indicativos de que la autocrítica está en juego.

Cuestionando la Veracidad de la Autocrítica

Una vez identificados estos pensamientos críticos, el siguiente paso es cuestionar su veracidad y utilidad. Pregúntate: "¿Es este pensamiento realmente cierto? ¿Me ayuda de alguna manera a ser la persona que quiero ser?" A menudo, descubrirás que muchas de estas críticas internas se basan en creencias infundadas o exageradas que no reflejan tu realidad. Este ejercicio de cuestionamiento es fundamental para comenzar a desmantelar la autocrítica.

Estrategias para Superar la Autocrítica

Diálogo Interno Positivo: Conscientemente, reemplaza los pensamientos críticos con afirmaciones positivas sobre ti misma. Por ejemplo, en lugar de decirte "No hice nada bien hoy", recuérdate "Hoy enfrenté desafíos con coraje y aprendí lecciones valiosas".

Práctica de Gratitud: Cultiva una práctica diaria de gratitud. Al final del día, escribe tres cosas por las que estás agradecida. Esta práctica puede cambiar tu enfoque de lo que te falta a apreciar lo que tienes y lo que eres.

Compasión por Uno Mismo: Trátate con la misma compasión y entendimiento que ofrecerías a un amigo en tu situación. Reconoce que ser humano implica imperfecciones y errores, y está bien.

Celebra Tus Logros: Haz un esfuerzo consciente para celebrar tus éxitos, por pequeños que sean. Reconocer tus logros te ayuda a construir una imagen más positiva de ti misma.

Busca Apoyo: A veces, la autocrítica puede ser abrumadora y difícil de manejar sola. No dudes en buscar el apoyo de amigos, familiares o profesionales que puedan ofrecerte una perspectiva diferente y ayudarte a valorarte más.

La Libertad Más Allá de la Autocrítica

Al trabajar para superar la autocrítica, no solo te liberas de sus cadenas restrictivas, sino que también abres un espacio para el crecimiento, la autoacepción y el amor propio. Comenzarás a ver tu verdadero valor, no a través de una lente de juicio y comparación, sino con claridad y aprecio por la persona única y maravillosa que eres. Este proceso no es instantáneo y requiere práctica y paciencia, pero cada paso hacia la superación de la autocrítica es un paso hacia una vida más plena y auténtica.

El camino hacia la superación de la autocrítica es un proceso de autodescubrimiento, lleno de aprendizaje y crecimiento. En este viaje, encontrarás tu fuerza, tu voz y, lo más importante, la profunda alegría de ser auténticamente tú.

Paso 3: La Práctica del Autocuidado

El concepto de autocuidado ha evolucionado más allá de los simples gestos de indulgencia personal para convertirse en una práctica esencial y transformadora que abarca todos los aspectos de tu ser: físico, mental, emocional y espiritual. Este enfoque holístico del autocuidado es, en su esencia, un profundo acto de amor propio. No se limita a ocasiones esporádicas de mimos, sino que se manifiesta como una práctica constante y consciente destinada a nutrir y revitalizar tu cuerpo, calmar y clarificar tu mente, aliviar y enriquecer tu corazón, y reavivar y profundizar tu conexión espiritual.

El Autocuidado Como Fundamento del Amor Propio

El autocuidado genuino se arraiga en la comprensión y aceptación de que tú eres tu propio hogar. Cuidarte a ti misma es honrar y respetar ese hogar, reconociendo tu valor inherente y tu merecimiento de felicidad y bienestar. En este sentido, el autocuidado se convierte en una declaración poderosa de tu valía personal, un recordatorio constante de que tienes derecho, no solo a existir, sino a florecer.

Nutriendo Tu Cuerpo

El cuidado de tu cuerpo es el pilar más visible del autocuidado. Esto incluye alimentarte de manera que nutra y fortalezca tu cuerpo, mantenerlo activo y en movimiento de manera que disfrutes y sientas placer, y descansar adecuadamente para permitir la regeneración y recuperación. Escucha a tu cuerpo con atención y responde a sus necesidades con amor y respeto.

Calmando Tu Mente

Una mente tranquila y clara es esencial para tu bienestar. Practica técnicas que promuevan la claridad mental y la paz interior, como la meditación, la escritura reflexiva o simplemente momentos de silencio consciente. Estas prácticas te ayudan a distanciarte del ruido y la prisa del día a día, ofreciéndote un espacio sagrado para volver a tu centro y recordarte quién eres en tu esencia más pura.

Aliviando Tu Corazón

El cuidado emocional implica permitirte sentir y expresar tus emociones libremente, buscar conexiones significativas con otros y practicar la compasión y la empatía, tanto hacia ti misma como hacia los demás. Encuentra y cultiva espacios seguros donde puedas compartir tus sentimientos sin temor, y rodearte de personas que te apoyen y te alienten en tu viaje.

Revitalizando Tu Espíritu

El autocuidado espiritual es nutrir aquella parte de ti que se conecta con algo más grande que tu individualidad. Puede involucrar prácticas religiosas o espirituales, pasar tiempo en la naturaleza, dedicarte a causas que te apasionan o simplemente momentos de profunda reflexión. Estas prácticas fortalecen tu sentido de propósito y pertenencia, alimentando tu alma.

El autocuidado, en su esencia, es un acto revolucionario de amor propio. Es un compromiso contigo misma para priorizar tu bienestar integral, afirmar tu valor y cultivar una relación de amor y respeto hacia ti. Más allá de ser un conjunto de actividades, es una forma de vida, una elección consciente de tratarte con la misma compasión, consideración y cuidado que ofreces a los demás. Este camino hacia el autocuidado es personal y único para cada una, pero esencialmente, es el camino hacia una vida más plena, satisfactoria y auténticamente vivida. Recuerda, querida amiga, en cada acto de autocuidado, estás diciéndote a ti misma que eres valiosa, merecedora de amor y digna de ser cuidada. Este es el fundamento sobre el cual puedes construir una vida de alegría, satisfacción y amor verdadero.

Paso 4: Celebrando tus Logros

En el crecimiento y la autoaceptación, es vital reconocer y celebrar cada uno de tus logros, sin importar su tamaño. Cada paso adelante, cada meta alcanzada, y cada obstáculo superado es un reflejo luminoso de tu esfuerzo, tu dedicación y, sobre todo, tu inquebrantable capacidad para enfrentar y superar desafíos. Estos momentos de triunfo no son meramente puntos destacados en tu camino; son poderosos testimonios del vasto potencial que reside en tu interior, esperando ser reconocido y liberado en toda su magnitud.

La Celebración de Tus Logros: Un Acto de Reconocimiento Propio

Aprender a celebrar tus logros es aprender a valorarte a ti misma en toda tu complejidad y capacidad. Cada logro, desde el más modesto hasta el más grandioso, es una victoria no solo en el mundo exterior sino, lo que es más importante, en el reino interior de tu ser. Estas victorias son evidencia tangible de tu crecimiento, tu evolución y tu fortaleza.

Reconociendo el Valor de Cada Paso

En la cultura de la rapidez y la inmediatez en la que vivimos, puede ser fácil subestimar o incluso pasar por alto los pequeños logros. Sin embargo, son precisamente estos pequeños pasos los que pavimentan el camino hacia grandes transformaciones. Cada esfuerzo que haces, cada reto que enfrentas con valentía, y cada vez que te levantas después de una caída, merecen ser reconocidos y celebrados.

La Celebración Como Fuente de Motivación

Celebrar tus logros no solo es un acto de autoafirmación sino también una fuente inagotable de motivación. Al tomar un momento para reconocer tus victorias, alimentas tu fuego interno, ese impulso que te lleva a seguir adelante, a soñar más grande y a esforzarte más. La celebración es el combustible que mantiene viva la llama de tu determinación y tu pasión.

Cómo Celebrar Tus Logros

Reconocimiento Personal: Dedica un momento para ti misma, en quietud y gratitud, reconociendo el camino que has recorrido y lo que has logrado. Permítete sentir orgullo por tus esfuerzos y tu perseverancia.

Comparte Tu Alegría: Compartir tus logros con personas queridas no solo multiplica la alegría sino que también te permite experimentar el apoyo y el amor de aquellos que te rodean. Deja que tu comunidad sea testigo de tu crecimiento y tu éxito.

Crea Ritualidades: Establece pequeños rituales de celebración que tengan significado para ti. Puede ser desde escribir en un diario de logros hasta organizar una pequeña ceremonia personal para marcar tus victorias.

Regálate Algo Especial: Siéntete libre de regalarte algo en reconocimiento a tu logro. Puede ser algo tan simple como una tarde de descanso, un objeto simbólico, o una experiencia que hayas deseado.

Cada logro en tu vida es una pieza clave en el mosaico de tu existencia. Son marcadores de tu viaje único, signos del infinito potencial que resides en ti y que está listo para ser explorado y expresado en su totalidad. Al celebrar tus logros, no solo estás honrando tu pasado y tu presente, sino que también estás sembrando las semillas de tu futuro, un futuro lleno de posibilidades, sueños y nuevas victorias. Recuerda siempre: dentro de ti reside un poder inmenso, y cada logro, grande o pequeño, es una manifestación de ese poder transformador.

Paso 5: Rodeándote de Positividad

La influencia del entorno y las conexiones personales en nuestro desarrollo y percepción de nosotros mismos es inmensurable. El espacio en el que eliges moverte, así como las personas que decides tener cerca, juegan un papel crucial en la conformación de tu autoimagen y en la forma en que te valoras y te cuidas. Este reconocimiento es el primer paso hacia la creación de un entorno que no solo te sostenga sino que también te eleve, reflejando y ampliando la belleza intrínseca y la fuerza indomable que posees.

La Importancia de Elegir Tu Entorno Conscientemente

Nuestro entorno y relaciones actúan como espejos, reflejando de vuelta a nosotros aspectos de nuestra propia imagen y creencias. Un entorno positivo y enriquecedor puede servir de recordatorio constante de nuestras capacidades, valores y dignidad, mientras que un entorno negativo puede mermar nuestra autoestima y limitar nuestro potencial. Es esencial, por tanto, elegir conscientemente estar en lugares y con personas que resuenen con lo que verdaderamente eres y aspiras a ser.

Cultivando Relaciones que Nutran y Reflejen Tu Verdadero Yo

Rodearte de Positividad: Busca y cultiva relaciones con individuos que irradien positividad, aquellos cuya presencia aporte luz a tu vida. Las personas que te animan, te apoyan en tus sueños y te aceptan tal como eres, son tesoros que nutren tu alma y fortalecen tu ser.

Crear y Mantener Espacios Inspiradores: Del mismo modo, es crucial que los espacios físicos en los que pasas tu tiempo sean fuentes de inspiración y tranquilidad. Desde tu hogar hasta tu lugar de trabajo, cada entorno debe ser un santuario que fomente tu creatividad, paz y bienestar.

Establecer Límites Saludables: Parte de cultivar un entorno positivo implica establecer límites saludables con aquellos que drenan tu energía o que no respetan tu valor. Aprender a decir "no" es una habilidad vital para proteger tu espacio personal y emocional.

Fomentar la Conexión Auténtica: En un mundo cada vez más digital, buscar conexiones auténticas y significativas se vuelve esencial. Dedica tiempo a cultivar relaciones profundas, aquellas en las que puedas ser tú misma sin reservas y donde el intercambio mutuo de experiencias y emociones enriquezca a ambas partes.

La Transformación a Través del Entorno y las Relaciones

Al rodearte de personas y espacios que reflejan y celebran tu esencia, inicias un proceso de transformación. Te vuelves más receptiva a reconocer y aceptar tu belleza única y tu poder personal. Este entorno nutricio actúa como un suelo fértil en el que puedes florecer, alcanzando nuevas alturas de autoconocimiento, autoexpresión y realización personal.

Nunca subestimes el poder de tu entorno y tus relaciones para moldear tu camino hacia el amor propio y la autoacepción. Elige deliberadamente estar en espacios y con personas que te nutran, te inspiren y reflejen lo mejor de ti. Recuerda, eres digna de relaciones y entornos que te celebren y te apoyen en tu viaje hacia convertirte en la versión más plena y auténtica de ti misma. Este es tu derecho inalienable y el fundamento sobre el cual puedes construir una vida de alegría, satisfacción y un amor profundo por ti misma.

Paso 6: Explorando tus Pasiones

En la búsqueda de tu autenticidad y la realización personal, reconocer y abrazar tus pasiones es esencial. Estas no son meros hobbies o intereses pasajeros; son la manifestación de lo que te hace vibrar, lo que enciende tu espíritu y llena tu corazón de alegría y plenitud. Tus pasiones son puentes que te conectan con las profundidades de tu ser, con esa esencia inalterable y brillante que define quién eres en lo más íntimo.

La Exploración de Tus Pasiones: Un Viaje hacia el Autoconocimiento

Dedicar tiempo a explorar y sumergirte en aquellas actividades y proyectos que despiertan un fuego interno es más que un acto de autocuidado; es un compromiso contigo misma para descubrir y nutrir tu verdadero yo. Cada momento dedicado a tus pasiones revela capas de tu personalidad, deseos y sueños que tal vez desconocías o habías dejado de lado en el ajetreo de la vida cotidiana.

Encontrar Claves sobre Tu Verdadero Yo y Tu Propósito

Dentro de las actividades que te apasionan yacen pistas fundamentales sobre tu identidad más auténtica y el propósito que estás destinada a cumplir en este mundo. Ya sea a través del arte, la escritura, el voluntariado, la exploración de la naturaleza, o cualquier otra pasión, cada experiencia te ofrece insights valiosos sobre tus valores, lo que te motiva y lo que deseas aportar al mundo.

Cómo Dedicar Tiempo a Tus Pasiones

Identificación: Empieza por identificar cuáles son esas actividades que te hacen perder la noción del tiempo, esas que te hacen sentir completamente en tu elemento.

Priorización: Haz de tus pasiones una prioridad. Esto puede significar ajustar tu agenda, establecer límites saludables en otras áreas de tu vida, o incluso, decir no a compromisos que no resuenan contigo para abrir espacio a lo que verdaderamente te importa.

Integración: Busca maneras de integrar tus pasiones en tu vida diaria. Esto no significa que debas convertir cada hobby en una carrera; sino encontrar pequeñas maneras de incorporar estas actividades regularmente en tu rutina.

Compartir: Considera compartir tus pasiones con otros. Esto puede amplificar tu alegría y permitirte conectar con personas que comparten tus intereses y valores.

La Transformación a Través de la Pasión

Al dedicarte a lo que amas, no solo experimentarás un aumento significativo en tu felicidad y satisfacción personal, sino que también comenzarás a transformarte. Te volverás más confiada en tus habilidades, más consciente de lo que deseas en la vida y, lo más importante, más conectada con tu verdadero yo. Tus pasiones tienen el poder de remodelar tu vida, guiándote hacia caminos y posibilidades que quizás nunca habías considerado.

Tus pasiones son el lenguaje de tu alma, hablándote de tus más profundos deseos y de tu propósito único en este mundo. Dedicar tiempo a lo que te apasiona no es un lujo, sino una necesidad esencial para tu crecimiento personal y espiritual. A través de tus pasiones, no solo descubres quién eres, sino que también te das el poder de moldear tu vida en una obra de arte que refleje tu esencia más pura y hermosa.

Paso 7: Aceptando el Cambio y la Incertidumbre

En el tejido complejo y en constante evolución de nuestra existencia, el cambio emerge como una verdad universal, una fuerza ineludible que modela el curso de nuestras vidas. Esta realidad, a menudo acompañada de una innegable incertidumbre, puede parecer intimidante, desafiante a nuestra sensación de seguridad y estabilidad. Sin embargo, es precisamente en el corazón de este cambio donde yace un potencial extraordinario para el crecimiento personal, la autoexploración y, fundamentalmente, el fortalecimiento del amor propio.

Aceptar el Cambio: Un Acto de Valentía y Confianza

Aprender a aceptar el cambio no es rendirse a las circunstancias sino abrazar la vida en toda su complejidad. Es ver el cambio no como un enemigo a temer, sino como un aliado en tu viaje de autodescubrimiento y crecimiento. Aceptar el cambio requiere valentía para soltar lo conocido y confianza en tu capacidad para adaptarte y prosperar en nuevos entornos y situaciones.

Navegando por la Incertidumbre: Una Oportunidad para el Crecimiento

La incertidumbre que acompaña al cambio es a menudo una fuente de ansiedad y miedo. Sin embargo, cuando aprendemos a navegar por esta incertidumbre con gracia y confianza, transformamos nuestro enfoque de la vida. La incertidumbre deja de ser un obstáculo y se convierte en un espacio fértil para la innovación, la creatividad y la exploración. Es en este espacio donde descubrimos nuevas pasiones, fortalezas y capacidades que quizás nunca supimos que teníamos.

El Cambio como Catalizador del Amor Propio

En el núcleo de nuestra relación con el cambio y la incertidumbre, se encuentra la oportunidad de profundizar en el amor propio. Cada transición, cada periodo de incertidumbre, es una invitación a volver a conectarte contigo misma, a reevaluar tus valores, deseos y aspiraciones. Es un recordatorio de que eres capaz de enfrentar desafíos, de adaptarte y de encontrar alegría y propósito en medio de la transformación.

Abrazando Nuevas Oportunidades

Recuerda, cada cambio en tu vida trae consigo un espectro de nuevas oportunidades: oportunidades para aprender, para crecer, para expandir tu horizonte. Estas oportunidades te permiten descubrir y abrazar facetas de ti misma que permanecían ocultas o inexploradas, enriqueciendo tu comprensión de quién eres y de lo que eres capaz.

El cambio y la incertidumbre son compañeros constantes en nuestro viaje por la vida. Aprender a aceptar el cambio, a navegar por la incertidumbre con gracia y a ver cada transición como una oportunidad, es esencial para cultivar un profundo sentido de amor propio y resiliencia. En cada cambio, en cada momento de incertidumbre, hay un regalo esperando ser descubierto: el regalo de crecimiento personal, de autoconocimiento y de una conexión más profunda y amorosa contigo misma. Abraza el cambio, confía en tu viaje y recuerda que en el corazón de la incertidumbre, residen infinitas posibilidades para descubrir y celebrar la maravillosa persona que eres.

La Base de Tu Valor

En el núcleo de tu ser yace una verdad inmutable y poderosa: tu valor inherente no es algo que necesitas ganar, conquistar o demostrar a través de tus logros, tu apariencia, tu posición en la sociedad, o la validación de los demás. Este valor es un tesoro que ya posees desde el momento en que tomas tu primer aliento. No está sujeto a las fluctuaciones de las circunstancias externas ni a las opiniones cambiantes de aquellos que te rodean. Tu valor es intrínseco, tan natural y fundamental como tu existencia misma. Eres valiosa simplemente porque existes. Punto.

Este concepto puede parecer sencillo en teoría, pero comprenderlo y aceptarlo en lo profundo de tu corazón es un viaje que transformará radicalmente cómo te ves a ti misma y cómo interactúas con el mundo. En un universo inmenso y en constante cambio, no hay nadie, absolutamente nadie, que sea exactamente igual a ti. Piénsalo: tus pensamientos, tus sueños más profundos, tus emociones, la manera única en que experimentas la alegría, la tristeza, la forma en que tu risa ilumina una habitación, o cómo tus lágrimas reflejan la profundidad de tu sentir, todo ello conforma el mosaico de tu singularidad.

Esta singularidad tuya, esta esencia que te distingue, es lo que te hace invaluable e irremplazable en este mundo. No hay medida estándar para tu valor porque simplemente, no puede ser comparado. Cada aspecto de tu ser contribuye a la riqueza de la diversidad humana, aportando perspectivas, ideas y una luz que solo tú puedes ofrecer.

Reflexionar sobre esta verdad es abrirse a una profunda liberación. Libera la carga de tratar de moldearte a las expectativas de otros, de perseguir incansablemente estándares externos de éxito para sentirte "suficiente". Reconocer y abrazar tu valor innato es el primer paso hacia una vida vivida con autenticidad, donde cada elección y acción fluye no de un deseo de validación externa, sino de un profundo sentido de autoaceptación y amor propio.

Entender tu valor único te empodera para moverte por el mundo con una confianza arraigada no en lo que haces, sino en lo que eres. Te permite establecer límites saludables, perseguir tus pasiones con valentía y abrirte a relaciones genuinas y enriquecedoras donde seas apreciada y amada por tu verdadero yo.

Si te llevas un solo pensamiento de este mensaje, que sea este: Tu valor es un regalo innato, tan vasto e insondable como el universo mismo. No necesitas ganarlo; solo necesitas reconocerlo, abrazarlo y vivir cada día en plena celebración de la maravillosa, única e irremplazable persona que eres.

Reconociendo tu Valor a Través de la Auto-reflexión

El reconocimiento de tu propio valor comienza con un acto aparentemente simple, pero profundamente transformador: la auto-reflexión. Este proceso introspectivo es la llave que abre las puertas a un entendimiento más profundo de quién eres, más allá de las capas de expectativas, roles y percepciones externas. Te invito a reservar un momento especial cada día, un espacio sagrado de tranquilidad y conexión contigo misma. Este tiempo puede ser dedicado a escribir en un diario, a la meditación, o simplemente a estar sentada en quietud, respirando y siendo plenamente presente en el momento.

Haciéndote Preguntas Esenciales

En estos momentos de introspección, dirige tu atención hacia tu interior con preguntas que te ayuden a explorar las profundidades de tu ser. Preguntas como: "¿Qué me hace sentir viva?", "¿Cuáles son las cosas que amo de mí?", y "¿Cuándo me siento más auténtica?" son faros que iluminan el camino hacia tu esencia y tus verdaderos deseos. Estas interrogantes te guían a descubrir no solo tus pasiones y alegrías sino también las cualidades y fortalezas que definen tu singularidad.

El Poder de la Auto-Reflexión

La auto-reflexión es más que un ejercicio de pensamiento; es un acto de amor propio que te permite reconectar con tu esencia y reafirmar tu valor personal. Al explorar estas preguntas, comienzas a desentrañar las fibras únicas que te componen, celebrando tanto tus virtudes como tus imperfecciones. Cada respuesta te brinda claridad sobre lo que verdaderamente valoras, lo que te trae felicidad y, más importante, cómo quieres vivir tu vida.

Creando un Hábito de Reflexión

Establece una Rutina Diaria: Elige un momento del día en que puedas estar tranquila y sin distracciones. La regularidad de este ejercicio fortalece tu práctica de autoconocimiento.

Crea un Espacio Inspirador: Encuentra o crea un lugar que te inspire paz y concentración. Puede ser un rincón especial en tu hogar, un parque cercano, o cualquier lugar que te haga sentir segura y conectada contigo misma.

Utiliza Herramientas que Resuenen Contigo: Algunas personas encuentran útil escribir en un diario, mientras que otras prefieren la meditación o la contemplación activa. Experimenta con diferentes métodos hasta encontrar aquel que te permita fluir naturalmente en tu proceso de reflexión.

Sé Amable Contigo Misma: La auto-reflexión es un proceso de descubrimiento, no de juicio. Acércate a ti misma con curiosidad, compasión y una mente abierta, dispuesta a aceptar todo lo que encuentres dentro de ti.

El primer paso hacia el descubrimiento de tu valor y la autenticidad de tu ser comienza contigo misma, dedicando tiempo a la reflexión personal y al autoconocimiento. Este viaje de introspección te revelará la riqueza de tu mundo interior, mostrándote que todo lo que necesitas para sentirte completa y valiosa ya reside en ti. A través de la auto-reflexión, no solo descubrirás lo que te hace única, sino que también aprenderás a amarte y aceptarte en toda tu maravillosa complejidad. Este es el comienzo de un camino lleno de crecimiento, amor propio y una profunda apreciación por la persona extraordinaria que eres.

Ejercicio Práctico: Lista de Afirmaciones Positivas

Desarrollar una percepción sólida y positiva de ti misma es fundamental en el viaje hacia el amor propio y la autoaceptación. Una herramienta poderosa para cultivar esta percepción positiva es la creación y práctica de afirmaciones positivas. Estas afirmaciones son declaraciones que, cuando se repiten con frecuencia y convicción, tienen el potencial de transformar tu diálogo interno, de uno que quizás esté teñido de dudas y autocrítica, a uno lleno de confianza y autoafirmación.

Construyendo Tu Propio Conjunto de Afirmaciones Positivas

El primer paso en este proceso transformador es crear una lista personalizada de afirmaciones que resuenen profundamente contigo y reflejen no solo tus aspiraciones sino también las cualidades y fortalezas que ya posees. Ejemplos de estas afirmaciones podrían ser: "Soy compasiva", destacando tu capacidad para empatizar con los demás; "Mi risa ilumina el día de otros", que reconoce tu habilidad para llevar alegría a quienes te rodean; "Soy resiliente", una afirmación de tu fortaleza interna y tu capacidad para superar adversidades.

La Práctica Diaria de Afirmaciones

Incorpora la práctica de repetir tus afirmaciones seleccionadas cada mañana, creando un ritual que te centre y te empodere para enfrentar el día. Este momento de afirmación personal puede ser tan sencillo como dedicar unos minutos al despertar para recitar tus afirmaciones en silencio o en voz alta, o tal vez escribirlas en un diario como una manera de reforzar su impacto.

La Transformación a Través de la Repetición

Con el tiempo y la práctica constante, comenzarás a internalizar estas afirmaciones. Este proceso gradual de aceptación te ayuda a remodelar tu diálogo interno, reemplazando las dudas y la autocrítica con un reconocimiento y aprecio profundos por tus cualidades únicas. A medida que estas verdades se arraigan en tu percepción de ti misma, fortalecerás tu sentido de valor propio y comenzarás a ver cambios notables en cómo te presentas y te relacionas con el mundo.

El Impacto de las Afirmaciones Positivas en Tu Autoimagen

La práctica regular de afirmaciones positivas es más que un ejercicio de autoayuda; es un acto de autocuración y reafirmación de tu identidad. Al enfocarte en tus fortalezas y cualidades, y al recordarte a ti misma diariamente de estas verdades, cultivas un ambiente interno de autoaceptación y amor propio. Este ambiente nutre tu bienestar emocional, mejora tu confianza y te empodera para vivir de manera más auténtica y alineada con tu verdadero ser.

Ten presente que el poder de transformar tu percepción de ti misma y fortalecer tu autoestima reside en ti. Las afirmaciones positivas son una herramienta valiosa en este proceso, permitiéndote afirmar y celebrar tus cualidades y fortalezas únicas cada día. Al comprometerte con esta práctica, no solo cambias tu diálogo interno, sino que también te abres a una vida de mayor plenitud, confianza y alegría genuina. Eres digna de todo el amor y la aceptación que estas afirmaciones reflejan. Comienza este ritual de afirmaciones positivas hoy y observa cómo florece tu percepción de tu propio valor.

Superando la Crítica Interna

Una de las barreras más significativas que obstaculizan nuestra capacidad para reconocer y abrazar nuestro propio valor es la crítica interna persistente. Esta voz interior, a menudo implacable y severa, nos susurra que no somos lo suficientemente buenos, que deberíamos ser de otra manera, que nuestras contribuciones y esfuerzos no alcanzan el estándar imaginario que nos hemos impuesto o que creemos que la sociedad espera de nosotros. Es fundamental comprender y aceptar que esta voz crítica no es portadora de verdades absolutas; más bien, es el reflejo de miedos, inseguridades y, en muchas ocasiones, el resultado de mensajes y expectativas externas que hemos internalizado a lo largo de nuestra vida.

Desmantelando la Crítica Interna

Reconocer su Origen: Comprender que la voz de la crítica interna a menudo se origina en experiencias pasadas, inseguridades personales y la absorción de normas y expectativas culturales o familiares, es el primer paso para despojarla de su poder. Estos mensajes han sido aprendidos y, por lo tanto, pueden ser desaprendidos.

Cuestionar su Veracidad: Es esencial cuestionar la validez de las afirmaciones hechas por nuestra crítica interna. Pregúntate: ¿Es realmente cierto que no soy suficiente? ¿Según quién? ¿Por qué debería ser de otra manera? Este ejercicio de interrogación ayuda a crear distancia entre tú y la voz crítica, permitiéndote ver que estas narrativas son, de hecho, cuestionables y no inmutables verdades.

Cultivar la Auto-compasión: Contrarrestar la crítica interna con auto-compasión es una estrategia poderosa. Trátate con la misma amabilidad, comprensión y apoyo que ofrecerías a un amigo querido en tu situación. Reconocer que todos somos imperfectos y que está bien cometer errores es esencial para fomentar una relación más amable y compasiva contigo mismo.

Reforzar con Afirmaciones Positivas: Reemplazar el diálogo interno negativo con afirmaciones positivas es una manera efectiva de reprogramar tu mente hacia una auto-percepción más positiva. Afirmaciones como "Soy suficiente tal como soy", "Valoro mi propia opinión sobre mí mismo más que la de los demás" o "Me acepto y me amo incondicionalmente" pueden ser extremadamente poderosas.

La Importancia de Superar la Crítica Interna

Superar y silenciar la crítica interna no es solo crucial para ver nuestro verdadero valor; es fundamental para vivir una vida más plena y satisfactoria. Al liberarnos de las cadenas de la autocrítica, nos abrimos a la posibilidad de perseguir nuestras pasiones y objetivos con confianza, de establecer relaciones más saludables y de vivir con una autenticidad inquebrantable. La crítica interna nos confina a una prisión de duda y miedo; superarla es liberarnos para explorar el vasto potencial y las posibilidades que la vida tiene para ofrecer.

Recuerda, que el camino hacia la superación de la crítica interna y el reconocimiento de tu valor intrínseco es un viaje continuo de auto-descubrimiento, auto-aceptación y crecimiento personal. Cada paso que das hacia la silenciar esa voz crítica es un paso hacia abrazar plenamente quién eres, con todas tus imperfecciones, fortalezas y bellezas únicas. Eres valiosa, no por lo que haces, logras o aparentas ser, sino simplemente por ser tú.

Ejercicio: Diálogo con la Crítica Interna

Confrontar nuestra crítica interna puede ser uno de los ejercicios más liberadores y transformadores en el camino hacia el amor propio y la autoaceptación. Imagina un diálogo, una conversación sincera entre tú y esa voz interna que, a menudo, te llena de dudas y temores. Este ejercicio no solo te permite escuchar y comprender los miedos subyacentes que alimentan tu autocrítica, sino que también te da la oportunidad de responder con compasión, verdad y evidencia de tu propia valía.

Diálogo con la Crítica Interna: Un Ejemplo

Crítica Interna: "No eres lo suficientemente inteligente para alcanzar tus sueños."

Tú: "Entiendo que estás tratando de protegerme del fracaso y la decepción, pero no es cierto que no sea inteligente. Recuerdo cuando enfrenté ese proyecto desafiante en el trabajo y, a través de mi investigación, dedicación y creatividad, no solo lo llevé a buen término, sino que recibí elogios por mi innovación. Ese es solo uno de los muchos ejemplos de cómo he utilizado mi ingenio y habilidades para superar desafíos."

Pasos para Crear Tu Propio Diálogo

Escucha a Tu Crítica Interna: Comienza permitiendo que tu crítica interna se exprese. ¿Qué temores o dudas está comunicando? Escríbelos tal como los oyes en tu mente, sin censura.

Responde con Compasión: Ahora, toma un momento para responder a cada crítica no con defensa o negación, sino desde un lugar de comprensión y compasión. Reconoce el intento de protección detrás de la crítica.

Refuta con Hechos: Contraataca cada crítica con hechos concretos y ejemplos de tu vida. Usa tus logros, momentos de superación, habilidades y cualidades positivas como evidencia de tu capacidad y valor.

Reafirma Tu Valor: Concluye el diálogo reafirmando tu valor inherente, independientemente de los logros o la aprobación externa. Recuérdate a ti misma que eres valiosa simplemente por ser quien eres.

La Importancia de Este Ejercicio

Este diálogo es más que un simple ejercicio de escritura; es una herramienta poderosa para cambiar la narrativa interna que dicta cómo te ves a ti misma. Al enfrentar directamente las críticas y responder con compasión y hechos, comienzas a desmantelar la influencia que la crítica interna tiene sobre tu autoestima y confianza. Este proceso no solo te ayuda a cultivar una relación más amable contigo misma, sino que también fortalece tu resiliencia ante futuros desafíos y críticas, ya sean internas o externas.

La crítica interna nace de un lugar de miedo y protección, pero no tiene que ser la voz que guíe tu vida. Tienes el poder de cambiar el diálogo interno, de uno que te limita a uno que te empodera. Cada vez que elijas responder a tu crítica interna con compasión y verdad, das un paso más hacia la plena aceptación de tu maravillosa complejidad y hacia el reconocimiento de tu inmenso valor.

Conectando con tu Propósito

El reconocimiento de tu propio valor es intrínsecamente ligado a la exploración y conexión con tu propósito en la vida. Este proceso de descubrimiento va más allá de la autoaceptación; se adentra en el terreno de reconocer y valorar los dones y talentos únicos que tienes para ofrecer al mundo. Cada persona alberga en su interior un conjunto de habilidades, pasiones y capacidades que no solo la hacen única, sino que también pueden contribuir significativamente a su entorno y comunidad.

Conectando con Tu Propósito

La clave para conectar con tu propósito y, por ende, con tu valor, radica en la reflexión profunda sobre aquellas cosas que verdaderamente te apasionan y te hacen sentir completo y valioso. Esto puede manifestarse de maneras tan variadas y únicas como las personas mismas. Para algunos, puede ser la capacidad de brindar consuelo y comprensión a quienes les rodean, una habilidad para la escucha activa y empática que fortalece las relaciones y fomenta la confianza. Para otros, puede ser una destreza particular en una disciplina artística, científica o cualquier otro campo, donde la combinación de creatividad, conocimiento y habilidad se entrelaza para crear algo verdaderamente único y valioso.

Reconociendo Tus Dones y Talentos

Es fundamental tomarte un tiempo para reflexionar sobre aquellas actividades y roles que te generan una profunda satisfacción y alegría. Estas son pistas cruciales que te guían hacia tu propósito y, por ende, hacia una mayor comprensión de tu valor. Pregúntate:

¿Qué actividades me hacen perder la noción del tiempo?

¿En qué momentos me he sentido más útil y satisfecho?

¿Qué elogios o comentarios positivos he recibido repetidamente de otros?

Estas preguntas pueden ayudarte a identificar patrones y temas recurrentes en tu vida que señalan hacia tus talentos naturales y aquello que te apasiona.

Aplicando Tus Talentos al Mundo

Descubrir tus dones y talentos es solo el principio. El verdadero valor surge cuando encuentras maneras de aplicar estos regalos al servicio de los demás y al cumplimiento de tus pasiones. Ya sea a través de tu profesión, voluntariado, hobbies o cualquier otra vía, utilizar tus habilidades para contribuir positivamente al mundo te brinda un sentido de propósito y satisfacción incomparables.

El Valor de Ser Tú

Recuerda, tu valor no reside únicamente en lo que haces o en los talentos que posees, sino en la esencia misma de tu ser. Sin embargo, conectar con tu propósito y aplicar tus dones y talentos de manera significativa te permite vivir de manera más auténtica y plena, reconociendo y celebrando el valor inmenso que naturalmente resides en ti.

Este proceso de descubrimiento y aplicación de tus talentos al mundo es un viaje continuo de crecimiento personal, un camino que te lleva a vivir con mayor plenitud, alegría y, sobre todo, un profundo sentido de tu valor y propósito en la vida.

Ejercicio: Mapa de Vida

Crear un "mapa de vida" es una herramienta profundamente poderosa y reveladora en tu proceso de autoconocimiento y desarrollo personal. Este ejercicio creativo y reflexivo te invita a trazar un panorama visual de tu existencia, destacando no solo tus pasiones y talentos, sino también tus logros significativos y aquellos momentos en los que la felicidad fue una presencia palpable en tu vida. Este mapa se convierte en una representación tangible de tu valor intrínseco, de tu propósito en este mundo y de tu singularidad indiscutible.

Cómo Crear Tu Mapa de Vida

Identifica Tus Pasiones: Comienza reflexionando sobre aquellas actividades que encienden una chispa en tu interior, esos intereses que te llenan de energía y entusiasmo cada vez que les dedicas tiempo.

Reconoce Tus Talentos: Pregúntate cuáles son las habilidades y capacidades naturales que posees. Estos son tus dones únicos, aquellos que fluyen de ti con facilidad y que te distinguen.

Registra Tus Logros: Haz una lista de tus logros, tanto grandes como pequeños. Recuerda que cada logro, sea alcanzar una meta personal o superar un desafío, es un reflejo de tu determinación y fortaleza.

Rememora Momentos de Felicidad: Reflexiona sobre los momentos de tu vida en los que has experimentado una felicidad genuina. Estos momentos son indicativos de lo que verdaderamente valoras y disfrutas.

Plasmando Tu Mapa

Con estos elementos en mente, toma una hoja de papel, un lienzo o cualquier superficie que prefieras y comienza a plasmar tu mapa. Puedes usar dibujos, palabras, recortes de revistas, fotografías o cualquier otro recurso que te permita expresar estos aspectos de tu vida de manera visual. No hay una forma correcta o incorrecta de hacerlo; lo importante es que el resultado sea un reflejo auténtico de quién eres.

El Valor de Tu Mapa de Vida

Este mapa no es solo una herramienta de autoexploración; es también un recordatorio tangible de tu singularidad y de las contribuciones únicas que puedes ofrecer al mundo. En momentos de duda o incertidumbre, tu mapa de vida sirve como un faro, recordándote tus fortalezas, tus pasiones y los momentos que han tejido la tela de tu felicidad.

Al visualizar tu valor y propósito de esta manera, fortaleces tu autoestima y reafirmas tu lugar en el mundo. Cada elemento de tu mapa es una pieza del rompecabezas que compone tu ser, una celebración de tu existencia única y valiosa.

Crear un mapa de vida es embarcarse en un acto de autoafirmación y reconocimiento de tu valor único. Este ejercicio no solo enriquece tu comprensión de ti mismo, sino que también te equipa con una visión clara de hacia dónde quieres dirigir tu vida, basándote en lo que verdaderamente te apasiona, en lo que eres excepcionalmente bueno y en lo que te hace profundamente feliz. Permítele a este mapa ser tu guía y tu inspiración a medida que continúas navegando por tu viaje personal hacia el crecimiento, la realización y el amor propio.

Celebrando tus Descubrimientos

El camino hacia el reconocimiento de tu propio valor es, en esencia, una travesía sin un punto de llegada definido. Es un proceso dinámico y evolutivo, lleno de altibajos, revelaciones y, a veces, incertidumbres. Habrá días en los que te levantes sintiéndote invencible, completamente en sintonía con tu valor intrínseco y las infinitas posibilidades que tu existencia conlleva. Sin embargo, también habrá momentos en los que las dudas y las inseguridades se cuelen en tu mente, oscureciendo temporalmente la luz de tu autoestima y haciéndote cuestionar tu valía.

Aceptar la Naturaleza Cambiante del Autoconocimiento

Es crucial entender que esta fluctuación en la percepción de tu propio valor no solo es normal, sino que es una parte integral del proceso de crecimiento personal. Cada uno de estos momentos, ya sean de confianza o de duda, te ofrece valiosas lecciones sobre ti misma y sobre cómo navegas el mundo.

Celebrar los Descubrimientos, Grandes y Pequeños

Lo verdaderamente importante en este viaje no es alcanzar una estado permanente de autovaloración inquebrantable, sino comprometerte a seguir adelante, a pesar de los obstáculos internos y externos que puedas encontrar. Se trata de celebrar cada descubrimiento sobre ti misma, cada paso adelante en tu comprensión y aceptación de quién eres. Desde las victorias más resonantes hasta los aprendizajes más sutiles, cada uno de estos momentos es una pieza que contribuye al hermoso mosaico de tu ser.

Mantener el Rumbo

En los días en que dudar de tu valor parezca inevitable, recuerda mirar hacia atrás, hacia el camino que ya has recorrido. Reconoce los desafíos que has superado, los logros que has cosechado y las veces que te has levantado después de caer. Cada una de estas instancias es un testimonio de tu fortaleza, tu resiliencia y, sobre todo, tu valor incalculable.

Un Compromiso Contigo Misma

Descubrir y abrazar tu valor es, en última instancia, un compromiso contigo misma. Es elegir creer en tu valía, incluso en los momentos en que encontrar esa fe sea más difícil. Es un compromiso de tratarte con amabilidad, de perseguir tus pasiones y de vivir de manera auténtica, honrando la singularidad de tu existencia.

Tú eres una obra en constante evolución, y cada día trae consigo nuevas oportunidades para aprender, crecer y brillar. El viaje hacia el descubrimiento de tu valor es un camino sin fin, salpicado de momentos de claridad y desafío, pero siempre hacia adelante, siempre hacia una mayor comprensión y apreciación de la maravillosa persona que eres.

Ejercicio: Diario de Gratitud

Mantén un diario de gratitud donde cada día escribas tres cosas sobre ti misma por las que estás agradecida. Esto te ayudará a mantener una perspectiva positiva y a reconocer tu valor incluso en los días difíciles.

Inicias cada día como una navegante en el vasto océano de la vida. Algunos días, las aguas son tranquilas y la navegación es suave; otros días, te encuentras en medio de tempestades que desafían tu fortaleza y determinación. Pero, ¿has considerado la profundidad de tu ser, ese núcleo inquebrantable que posee un valor incalculable? Este es un llamado a sumergirnos en el corazón de tu ser, a explorar el maravilloso proceso de auto-descubrimiento y a reconocer el inmenso valor que resides en ti.

El Inicio de tu Exploración

Tu viaje comienza con un paso valiente hacia el interior. Es un paso que muchas postergan, temerosas de lo que puedan descubrir. Pero te invito a abrazar este proceso con curiosidad y compasión por ti misma. Dentro de ti, hay historias, sueños, deseos y temores, todos esperando ser reconocidos y entendidos. Tu primer acto de valentía es permitirte explorar estas profundidades, escucharte sin juicio y acoger cada parte de ti con amor.

La Compasión Como Llave

En la travesía hacia el autoconocimiento y la aceptación de tu verdadero ser, la compasión hacia ti misma emerge como un faro luminoso, guiándote a través de las sombras de la duda y la autocrítica. Este viaje, marcado por el descubrimiento de las múltiples facetas de tu personalidad, tus sueños, miedos y deseos, requiere de una gentileza y una paciencia que a menudo olvidamos aplicarnos a nosotros mismos.

La Compasión Como Fundamento del Auto-descubrimiento

Trátate con la ternura, la empatía y el amor que instintivamente ofrecerías a una amiga en momentos de vulnerabilidad. Reconoce que, al igual que ella, mereces comprensión y apoyo, no críticas severas o juicios apresurados. En los momentos en que la voz de la autocrítica se haga presente, recordándote tus fallos o comparándote desfavorablemente con otros, haz una pausa y replantea ese diálogo interno con una perspectiva más amable y constructiva.

Responder a la Crítica con Comprensión

Cuando te encuentres navegando por aguas turbulentas de duda o inseguridad, recuérdale a esa voz interna que estás en un proceso continuo de aprendizaje y crecimiento. Cada error, cada desvío del camino idealizado, es en realidad una oportunidad invaluable para aprender, evolucionar y, en última instancia, sanar. Lejos de ser señales de fracaso, son escalones en tu ascenso hacia una mayor autoconciencia y fortaleza interior.

Celebrar Cada Revelación

Cada insight sobre tu persona, cada pequeña victoria en el camino hacia la aceptación y el amor propio, debe ser motivo de celebración. Estos momentos de revelación son pruebas tangibles de tu valentía al enfrentarte a tus miedos, tu voluntad de crecer y la capacidad infinita de tu corazón para sanar y expandirse. La autocompasión te invita a ver estos pasos no como evidencia de tus deficiencias, sino como marcas de tu esfuerzo, dedicación y resiliencia.

La Sanación a Través de la Autocompasión

La compasión por ti misma no solo alivia el dolor de las heridas pasadas y presentes, sino que también abre un espacio seguro para que florezcas a tu propio ritmo. Este enfoque compasivo hacia el auto-descubrimiento fomenta un ambiente interno de aceptación, donde la sanación puede ocurrir de manera orgánica y profunda. En este espacio, libres del peso de expectativas irreales y críticas destructivas, encontramos la libertad para ser genuinamente nosotros mismos.

La autocompasión no es un lujo, sino una necesidad. Es el suelo fértil en el que puede germinar la semilla de tu verdadero yo, permitiéndote crecer hacia la luz de tu potencial ilimitado. Cada paso dado, cada verdad desvelada sobre ti misma, es una oportunidad para aplicar esa compasión, recordándote que, en este proceso de aprendizaje y sanación, eres digna de amor, especialmente el tuyo propio.

Reconociendo Tu Valor Innato

En el contexto de la sociedad moderna, nos encontramos inmersos en un mar de comparaciones constantes. Las redes sociales, los medios de comunicación y las interacciones cotidianas a menudo nos empujan a medir nuestro valor personal en base a parámetros externos: el éxito profesional, la apariencia física, la posesión de bienes materiales, el estatus de nuestras relaciones y un sinfín de otros indicadores tangibles. Esta constante evaluación externa puede llevarnos a una espiral de dudas sobre nuestro propio valor si nos encontramos "faltando" en alguna de estas áreas.

Sin embargo, es crucial recordar que tu verdadero valor no se encuentra en estas medidas externas. No reside en los logros profesionales que has acumulado, ni en cómo se compara tu apariencia física con estándares sociales a menudo inalcanzables, ni en el número de amigos o la calidad de tus relaciones personales según criterios superficiales. Estos son aspectos de tu vida, sí, pero no son los que definen tu esencia ni tu valía.

Tu valor auténtico radica en aspectos mucho más profundos y significativos:

En tu capacidad de amar: La habilidad para dar y recibir amor, para conectar profundamente con otros seres, para cuidar y ser compasivo, son indicadores de una riqueza interior inmensurable.

En tu resiliencia: Tu fuerza para enfrentar adversidades, para levantarte después de cada caída, para seguir adelante a pesar de las dificultades, es una muestra clara de tu incalculable valor.

En tu creatividad: La manera en que ves el mundo, cómo resuelves problemas, cómo expresas tus pensamientos y emociones, todo ello contribuye a tu singularidad y valor.

En tu bondad: Los actos de bondad, tanto grandes como pequeños, que realizas en la cotidianidad, reflejan la luz de tu alma y el impacto positivo que puedes tener en el mundo.

En tu capacidad de superación: La voluntad de crecer, de aprender, de superarte a ti misma, es una cualidad invaluable que demuestra tu compromiso con la mejora continua.

Estas cualidades intrínsecas, estas dimensiones de tu ser, no se pueden ver en un espejo ni se cuentan en logros tangibles. No obstante, son la esencia de lo que te hace ser quien eres. Son lo que te convierte en un ser humano valioso y único, más allá de cualquier comparación superficial.

Entonces, que en un mundo que a menudo valora lo externo sobre lo interno, reconocer y abrazar estas verdades sobre ti misma es un acto revolucionario de autoafirmación. Tu valor es inherente, inmutable y profundo, y no necesita ser validado por ningún estándar externo. Celebrar estas cualidades es celebrar tu verdadero yo, tu esencia y tu incalculable valor como individuo.

El Poder de Tus Historias

Cada mujer es un universo de historias, cada una con sus cicatrices y estrellas. Algunas de estas historias son de triunfo y alegría; otras, de desafío y dolor. Pero todas ellas te han formado. Reconocer y aceptar estas historias es fundamental para comprender tu valor. No eres menos por las batallas que has enfrentado; al contrario, cada experiencia te ha otorgado fuerza, sabiduría y profundidad. Escribe tus historias, no desde un lugar de victimización, sino como la heroína que realmente eres, capaz de encontrar luz incluso en los momentos más oscuros.

La Reflexión Como Herramienta de Crecimiento

En nuestro mundo moderno, marcado por el constante bombardeo de estándares y expectativas sociales, encontrar nuestro lugar y comprender nuestro verdadero valor puede parecer una tarea abrumadora. Estamos frecuentemente expuestos a comparaciones externas que miden el éxito a través de logros profesionales, apariencia física, riqueza material y la calidad de nuestras relaciones. Este enfoque externo nos aleja de la verdadera esencia de lo que realmente significa valorar y apreciarnos a nosotros mismos.

La Importancia de la Reflexión Personal

Para reconectar con tu valor intrínseco, es esencial dedicar tiempo a la reflexión personal. Este proceso puede adoptar diversas formas, siendo algunas de las más efectivas la meditación, la escritura reflexiva en un diario, o los paseos en solitario. Estos momentos de introspección te brindan la oportunidad de sintonizar con tu voz interior, alejada del ruido y las distracciones del mundo exterior.

Preguntas Clave para la Autoexploración

Durante estos periodos de reflexión, anímate a profundizar en preguntas fundamentales que te guiarán hacia una comprensión más rica de ti misma y de tu lugar en el mundo. Preguntas como:

¿Qué me apasiona? Identificar tus pasiones te ofrece pistas sobre lo que realmente valoras y disfrutas, proporcionándote una fuente de alegría y satisfacción inagotable.

¿Qué me hace sentir viva? Reflexiona sobre los momentos en los que te sientes más conectada contigo misma y más vibrante. Estas experiencias suelen indicar dónde se encuentran tu energía y tu entusiasmo natural.

¿Cuáles son mis talentos únicos? Todos poseemos habilidades y dones especiales. Reconocer los tuyos no solo refuerza tu autoestima, sino que también te muestra cómo puedes contribuir de manera única al mundo.

¿Cómo puedo contribuir al mundo? Considera cómo puedes utilizar tus pasiones y talentos no solo para tu propio crecimiento y satisfacción, sino también para impactar positivamente a los demás y al mundo en general.

El Valor Más Allá de las Medidas Externas

Las respuestas a estas preguntas te llevarán por un camino de autoconocimiento y autoapreciación, recordándote que tu valor va mucho más allá de cualquier medida externa. No se encuentra en los aplausos, ni en los logros tangibles, ni en la percepción de los demás. Tu valor reside en tu humanidad: en tu capacidad de amar y ser amado, en tu resiliencia ante las adversidades, en tu creatividad para dar forma a tus sueños, en tu bondad hacia ti mismo y hacia los demás, y en tu incansable capacidad de superación.

Este proceso de reflexión no es un ejercicio de una sola vez, sino una práctica continua que enriquece tu vida, te mantiene alineado con tus valores y fortalece tu sentido de autoestima. Dedica tiempo regularmente a esta exploración personal, y observa cómo crece tu comprensión de tu propio valor, liberándote de las cadenas de las comparaciones externas y guiándote hacia una vida de propósito, pasión y auténtico autoaprecio.

El Valor de La Autenticidad

En un mundo que constantemente nos empuja a conformarnos, ser auténtica es un acto revolucionario. Tu valor se magnifica cuando decides ser fiel a ti misma, con tus peculiaridades, tus gustos, tus opiniones. La autenticidad atrae a las personas y oportunidades correctas a tu vida, aquellas que resuenan verdaderamente con tu ser.

El Arte de Decir No

En el camino hacia el autoconocimiento y el cultivo del amor propio, una de las habilidades más cruciales que puedes desarrollar es la capacidad de decir "no". Esta simple palabra, aunque a menudo cargada de complejas emociones y posibles repercusiones, es una herramienta poderosa para afirmar tu autonomía y respeto por ti misma. Aprender a decir "no" a situaciones, demandas o relaciones que drenan tu energía o que contravienen tus valores, es en realidad decir "sí" a aspectos mucho más importantes de tu vida: tu bienestar, tu tiempo precioso, tu energía vital y, fundamentalmente, tu valor intrínseco como persona.

La Importancia de Decir "No"

Cada vez que eliges decir "no" a algo que no te beneficia, estás tomando una decisión consciente para honrar tus límites, priorizar tus necesidades y proteger tu espacio personal. Esta acción no es un acto de rechazo hacia los demás, sino una afirmación de tu propia importancia y un paso esencial hacia el cuidado de ti misma.

Reconocer Tu Derecho a Establecer Límites

Decir "no" requiere el reconocimiento de tu derecho inherente a establecer límites claros en tu vida. Estos límites no solo te protegen de ser sobrecargada o explotada, sino que también sirven como guías para los demás sobre cómo te gustaría ser tratada. Establecer y mantener límites saludables es un acto de auto-respeto y una declaración de tu autoestima.

Priorizar Tus Necesidades

A menudo, especialmente para las mujeres, se espera socialmente que seamos complacientes y dispuestas a poner las necesidades de los demás antes que las nuestras. Sin embargo, priorizar tus propias necesidades no es un acto de egoísmo; es un reconocimiento de que para poder cuidar eficazmente de los demás, primero debes cuidarte a ti misma. Decir "no" a demandas que te sobrepasan o que no resuenan contigo es esencial para mantener tu bienestar y tu integridad.

Proteger Tu Espacio Personal

Tu espacio personal, tanto físico como emocional, es sagrado. Proteger este espacio significa respetar tus propios límites y asegurarte de que otros también lo hagan. Decir "no" a intrusiones no deseadas o a compromisos que comprometen tu paz y tranquilidad es crucial para preservar tu salud mental y emocional.

Aprender a Decir "No" con Gracia y Confianza

Decir "no" puede ser desafiante, especialmente al principio. Sin embargo, con práctica, puedes aprender a hacerlo de manera que sea tanto firme como amable, sin sentirte culpable por priorizar tu bienestar. Empieza con pequeños actos de negación en situaciones menos críticas y gradualmente aumenta tu confianza para establecer límites más significativos.

Recuerda, cada "no" que dices es, en realidad, un "sí" a una vida vivida con autenticidad, respeto por ti misma y alineación con tus valores y deseos más profundos. Este proceso de aprendizaje no solo te fortalece personalmente, sino que también enseña a los demás a respetar tu espacio, tu tiempo y tu energía, reafirmando tu valor en cada paso del camino.

Celebrando Tus Logros

La jornada hacia el autoconocimiento y el amor propio está compuesta de innumerables pasos, cada uno merecedor de reconocimiento y celebración. En la búsqueda de nuestros objetivos, es fácil caer en la trampa de esperar a alcanzar grandes hitos antes de permitirnos un momento de celebración. Sin embargo, cada paso adelante, sin importar cuán pequeño parezca, es en sí mismo un logro significativo. Estos momentos de progreso, estos avances cotidianos, son los verdaderos motores del cambio y del crecimiento personal.

Celebrar Cada Paso Como un Logro

Celebrar tus progresos, esos avances diarios hacia tus metas y sueños, es esencial para construir una relación positiva contigo misma. Esta práctica te permite reconocer y valorar tu esfuerzo y dedicación, independientemente del tamaño del paso. Cada acción que te acerca a tu objetivo, cada decisión que te alinea más estrechamente con tus valores, merece ser reconocida y festejada.

Reforzar la Creencia en Tu Capacidad y Valor

Además, celebrar tus progresos refuerza la creencia en tu capacidad para superar obstáculos y en tu valor intrínseco como persona. Este acto de reconocimiento sirve como un recordatorio poderoso de que eres capaz de lograr lo que te propongas, nutriendo tu confianza y autoestima. Reconocer tus éxitos, por pequeños que sean, es un antídoto contra la duda y la autocrítica, fomentando un diálogo interno más amable y positivo.

Cómo Celebrar Tus Progresos

Reconocimiento Diario: Dedica unos momentos cada día para reflexionar sobre tus avances. Puede ser útil llevar un diario de logros donde anotes incluso los más pequeños pasos adelante.

Comparte tus Éxitos: Compartir tus progresos con amigos, familiares o en un grupo de apoyo puede multiplicar la alegría y proporcionarte un impulso adicional de motivación.

Recompénsate: Encuentra maneras significativas de recompensarte por tus esfuerzos. Esto podría ser desde darte un momento de descanso hasta disfrutar de tu actividad favorita.

Agradecimiento: Practica el agradecimiento por tu capacidad para avanzar y crecer. Agradecerte a ti misma por el trabajo duro y la perseverancia es una poderosa forma de autocelebración.

La Importancia de la Autocelebración

Celebrarte a ti misma y tus progresos te ayuda a mantener el enfoque y la motivación, especialmente en momentos de desafío o cuando los grandes objetivos parecen lejanos. Esta práctica te recuerda que cada paso, por mínimo que sea, es parte de un viaje más grande hacia la realización personal y el bienestar.

Necesitas esperar a alcanzar grandes hitos para reconocer tu valor y tus esfuerzos. Cada paso adelante es una victoria, un testimonio de tu compromiso con tu crecimiento y felicidad. Celebrar tus progresos es celebrar a la persona que estás llegando a ser, una persona que avanza con confianza, determinación y una profunda apreciación de su propio valor.

Rodeándote de Reflejos Positivos

Rodearte de personas que te reflejen positivamente es vital. Estas son las personas que ven tu luz incluso cuando tú no puedes, que celebran tus éxitos y te apoyan en los desafíos. Ellos son espejos de tu valor, recordándote constantemente tu valía.

Este es un proceso continuo. Habrá días de claridad, donde tu valor brille con fuerza, y días en los que las dudas nublen esa luz. Pero no desistas. Cada paso, cada descubrimiento, te acerca más a la plena realización de tu valor.

Este camino hacia el reconocimiento de tu propio valor es, en esencia, un acto de amor propio. Es un compromiso contigo misma, una promesa de buscar, honrar y celebrar la mujer extraordinaria que eres. Así que, te invito a abrazar este proceso con todo tu corazón, sabiendo que al final del día, el amor más grande y transformador es el que puedes ofrecerte a ti misma.

Tu valor es un tesoro que ya llevas dentro. Reconocerlo plenamente es uno de los regalos más hermosos que puedes darte a ti misma. A medida que avanzas en este camino, te encontrarás con una fuerza y una confianza que quizás no sabías que tenías. Este es el verdadero poder del amor propio. Y recuerda, en este camino, no estás sola. Estoy aquí contigo, guiándote en cada paso, celebrando cada avance y sosteniéndote en los momentos de duda.

Este capítulo es solo el inicio. Con cada página que leas, te invito a profundizar más en tu crecimiento personal, hacia ese lugar donde descubrirás, sin lugar a dudas, que eres, y siempre has sido, infinitamente valiosa.

Capítulo 2: La Fuerza de la Vulnerabilidad

Hoy quiero hablarte de una verdad que a menudo se malinterpreta, una verdad que puede transformar radicalmente cómo te ves a ti misma y cómo navegas por este mundo: la vulnerabilidad no es una debilidad; es tu mayor fortaleza.

En nuestra cultura, se nos enseña a ver la vulnerabilidad como algo que debe ser ocultado, como si mostrar nuestras dudas, miedos o emociones nos hiciera menos capaces, menos dignas de amor o respeto. Pero, ¿y si te dijera que es precisamente en esos momentos de apertura donde resides tu poder más auténtico?

Abrazando tu Vulnerabilidad

Abrazar tu vulnerabilidad significa permitirte ser vista en tu totalidad, con todas tus complejidades, incertidumbres y emociones. Significa tener el coraje de decir "esto soy yo", sin máscaras, sin pretensiones. Pero, ¿cómo se hace esto en un mundo que constantemente nos pide que seamos perfectas?

El Primer Paso: Reconocimiento

El primer paso hacia abrazar tu vulnerabilidad es reconocerla. Reconoce esos momentos en los que te sientes expuesta, incómoda o temerosa. Puede ser al expresar tus sentimientos, al pedir ayuda o al enfrentarte a una nueva oportunidad que te asusta. Reconocer estos momentos es el inicio de tu camino hacia la fortaleza.

La Comunicación Auténtica

Hablar desde un lugar de vulnerabilidad requiere práctica y valentía. Comienza con las pequeñas verdades, esas que te pesan en el pecho. Comparte tus pensamientos y sentimientos con alguien de confianza, alguien que sepa escuchar sin juzgar. Verás que, al compartir tu vulnerabilidad, no solo te liberas de su peso, sino que también abres la puerta a conexiones más profundas y significativas.

La Vulnerabilidad Como Puente

La vulnerabilidad no solo te conecta contigo misma de una manera más profunda, sino que también actúa como un puente hacia los demás. En el momento en que te abres, permites que otros se vean reflejados en tu experiencia, creando un espacio de empatía y comprensión mutua.

Construyendo Relaciones Más Profundas

Las relaciones basadas en la autenticidad y la vulnerabilidad son aquellas que perduran y se fortalecen con el tiempo. Al ser vulnerable, invitas a los demás a serlo también, estableciendo un intercambio de sinceridad y confianza. Esta es la base de las amistades y amores más resilientes.

La Vulnerabilidad y el Crecimiento Personal

Cada vez que enfrentas tus miedos, cada vez que te permites ser vulnerable, estás dando un paso hacia tu crecimiento personal. La vulnerabilidad te enseña sobre tu fuerza, sobre tu capacidad para superar obstáculos y sobre la belleza de ser imperfectamente humana.

Aprendiendo de la Experiencia

Cada experiencia de vulnerabilidad es una lección. Ya sea que resulte en un éxito o en un aprendizaje más desafiante, hay un valor incalculable en el acto de haberte abierto y haberlo intentado. Estas experiencias son las que te moldean, las que te fortalecen y las que te permiten crecer en comprensión y compasión hacia ti misma y hacia los demás.

El Coraje de Ser Vulnerable

Ser vulnerable requiere coraje, el coraje de enfrentar lo desconocido, de arriesgarte a ser herida, de estar dispuesta a cambiar. Pero este coraje es el que te lleva a vivir una vida auténtica y plena, una vida donde no solo existes, sino que verdaderamente vives.

El Valor de Tu Vulnerabilidad

Tu vulnerabilidad es valiosa, no solo para ti sino para el mundo. Al compartirla, al permitirte ser genuinamente tú, inspiras a otros a hacer lo mismo. Creas un efecto dominó de autenticidad, un mundo donde las personas no tienen miedo de mostrar quiénes son realmente.

Abrazando Tu Historia

Cada cicatriz, cada lágrima, cada sonrisa forma parte de tu historia, una historia única y valiosa. Abrazar tu vulnerabilidad significa abrazar tu historia completa, sin editar, con orgullo y aceptación. Eres un libro abierto, con capítulos de alegría, de aprendizaje, de dolor y de amor. Cada página es un testimonio de tu fuerza, de tu capacidad para enfrentar la vida con el corazón abierto.

Querida amiga, te invito a ver tu vulnerabilidad no como una barrera, sino como una puerta hacia una vida más rica y significativa. Una vida donde tu autenticidad es tu bandera, donde tus experiencias son tus maestras, y donde tu capacidad de abrirte, a pesar del miedo, es la verdadera definición de fuerza.

Recuerda, en la vulnerabilidad reside tu poder más grande. Es el cimiento de tu crecimiento, de tus relaciones y de tu capacidad para amar y ser amada. Así que, adelante, con valentía y confianza, abraza tu vulnerabilidad, abraza tu verdadero ser.

Abrazar la Vulnerabilidad: Tu Mayor Fortaleza

Querida amiga,

En un mundo que a menudo valora la apariencia de la fortaleza y la independencia, quiero invitarte a considerar una perspectiva diferente, una que reconoce la vulnerabilidad como uno de tus activos más poderosos. A través de estas palabras, te guiaré en un viaje de auto-descubrimiento, mostrándote cómo la capacidad de mostrarte vulnerable no solo es un acto de valentía sino también la clave para una conexión humana auténtica y profunda.

La Esencia de la Vulnerabilidad

La vulnerabilidad es abrir tu corazón, permitiéndote ser genuina en un acto de valentía pura. Es compartir tus miedos, tus sueños, y tus incertidumbres, sabiendo que al hacerlo, te expones a la posibilidad de ser herida o malentendida. Sin embargo, es precisamente en este acto de apertura donde radica tu mayor fortaleza.

Un Nuevo Paradigma

Te invito a desafiar el paradigma que asocia la vulnerabilidad con la debilidad. En realidad, se requiere una fuerza inmensa para romper las barreras que construimos alrededor de nuestros corazones. Mostrarte tal como eres, en toda tu autenticidad, es el acto más valiente que puedes realizar.

La Vulnerabilidad Como Puente Hacia la Conexión

Cuando compartes tu verdad, permites que otros vean tu esencia, creando la oportunidad para conexiones genuinas. La vulnerabilidad te abre a experiencias de empatía y comprensión mutua, demostrando que, en nuestra esencia, todos compartimos deseos, temores, y sueños similares. Este acto de abrirse sirve como un puente, reduciendo la distancia entre los corazones y fomentando un sentido de comunidad y apoyo mutuo.

La Fuerza en la Conexión Humana

Al mostrar tu vulnerabilidad, invitas a otros a hacer lo mismo. Este intercambio crea relaciones basadas en la confianza, la sinceridad y el apoyo incondicional. Las amistades y vínculos que se forman a través de esta honestidad emocional son inquebrantables, capaces de soportar las tempestades de la vida con una fortaleza conjunta.

La Vulnerabilidad y el Autoconocimiento

El camino hacia el autoconocimiento está pavimentado con momentos de vulnerabilidad. Al explorar y expresar tus emociones más profundas, comienzas a entender quién eres realmente, qué valores sostienes y qué deseas en la vida. Este nivel de autoconocimiento es poderoso, ya que te permite navegar tu vida con intención y propósito.

El Valor de la Introspección

Dedicar tiempo a la introspección y al autoexamen puede ser una experiencia reveladora. Al permitirte ser vulnerable contigo misma, te abres a la posibilidad de crecimiento y cambio. Este proceso de autoindagación no siempre es fácil, pero es increíblemente enriquecedor, permitiéndote alinear tu vida con tus verdaderas pasiones y objetivos.

La Vulnerabilidad Como Catalizador del Crecimiento

Cada vez que te permites ser vulnerable, ya sea compartiendo tu historia, enfrentando un nuevo desafío o expresando tus sentimientos, estás tomando un paso hacia el crecimiento personal. La vulnerabilidad te saca de tu zona de confort, te enfrenta a tus miedos y te empuja a expandir tus límites.

Aprender de la Experiencia

Cada experiencia de vulnerabilidad trae consigo una lección. Ya sea que enfrentes el rechazo o recibas apoyo, hay algo valioso que aprender. Estas lecciones son fundamentales para tu evolución personal, ayudándote a desarrollar resiliencia, empatía y una comprensión más profunda de lo que significa ser humano.

La Vulnerabilidad y la Resiliencia

Lejos de ser una debilidad, la vulnerabilidad es un testimonio de tu resiliencia. Mostrarte abierta y receptiva a la vida, con todas sus incertidumbres, requiere una fortaleza interior inmensa. Cada vez que eliges ser vulnerable, estás reafirmando tu capacidad para enfrentar la vida de frente, con coraje y determinación.

Cultivar la Resiliencia a Través de la Vulnerabilidad

La resiliencia se construye a través de la práctica de abrirse y recuperarse, una y otra vez. Al permitirte experimentar plenamente tus emociones, aprendes a navegarlas y, eventualmente, a superarlas. Esta habilidad para levantarte después de caer es lo que te hace verdaderamente fuerte.

La Belleza de Ser Auténticamente Tú

En última instancia, la vulnerabilidad te permite ser auténticamente tú. En un mundo que a menudo premia las fachadas y la perfección superficial, elegir vivir con autenticidad es revolucionario. Al abrazar tu vulnerabilidad, te liberas de las expectativas ajenas y encuentras la libertad para vivir de acuerdo con tus propios términos.

Celebrando Tu Unicidad

Cada uno de nosotros es único, con nuestras propias historias, luchas y sueños. Al compartir abiertamente estas partes de ti, no solo te aceptas a ti misma, sino que también ofreces a otros el espacio para hacer lo mismo. Este acto de valentía crea un mundo más compasivo y auténtico, donde todos podemos sentirnos valorados por lo que verdaderamente somos.

Querida amiga, al cerrar este capítulo, espero que te lleves contigo la certeza de que tu vulnerabilidad es una de tus mayores fortalezas. No tengas miedo de mostrar tu verdadero yo, de compartir tus miedos y tus sueños, porque es en esa honestidad donde radica tu poder más grande. Recuerda, en la vulnerabilidad encontramos la verdadera conexión, el crecimiento y la autenticidad. Así que adelante, con valentía y esperanza, abraza tu vulnerabilidad y deja que te guíe hacia una vida plena y significativa.

Vivir Auténticamente a Través de la Vulnerabilidad

Ahora que hemos explorado la importancia de la vulnerabilidad y cómo esta se entrelaza con tu fuerza interior, te invito a reflexionar sobre cómo puedes vivir de manera más auténtica a través de esta poderosa herramienta. La vulnerabilidad no es solo un concepto que comprendemos intelectualmente; es una práctica que vivimos día a día.

Aceptando Tu Humanidad

El primer paso hacia una vida auténtica es aceptar tu humanidad en toda su complejidad. Esto significa reconocer que está bien no estar bien todo el tiempo, que está bien tener dudas y miedos. Tu humanidad incluye una gama de emociones y experiencias, todas válidas y todas formando parte integral de quién eres.

La Práctica de la Autoaceptación

Comienza cada día con un momento de reflexión, donde te permitas sentir lo que esté presente, sin juicio. Acepta cada emoción, cada pensamiento como parte de tu experiencia humana. Esta práctica diaria de autoaceptación sienta las bases para una relación más amorosa y compasiva contigo misma.

Creando Espacios Seguros

Para vivir auténticamente, necesitas espacios donde te sientas segura para expresar tu vulnerabilidad. Estos pueden ser relaciones con amigos o familiares, grupos de apoyo, o incluso espacios contigo misma, como un diario personal.

Fomentando la Comunidad

Busca o crea comunidades donde la vulnerabilidad sea valorada y respetada. Estos espacios de apoyo mutuo no solo te ofrecen un lugar seguro para expresarte sino que también te brindan la oportunidad de conectar con otros en un nivel profundo y significativo.

El Poder de Decir "Yo También"

Una de las experiencias más poderosas al compartir tu vulnerabilidad es descubrir que no estás sola en tus luchas. Al abrirte, a menudo encontrarás otros que han enfrentado desafíos similares y que pueden decir "yo también". Este simple acto de compartir puede ser profundamente sanador, tanto para ti como para otros.

Compartiendo con Propósito

Cuando decidas compartir tu vulnerabilidad, hazlo con intención. Pregúntate: "¿Mi compartir viene de un lugar de búsqueda de conexión genuina y crecimiento, o estoy buscando validación externa?" Compartir con propósito te mantiene anclada en tus valores y en tu camino hacia una vida auténtica.

Vulnerabilidad y Límites

Ser vulnerable no significa no tener límites. De hecho, conocer y comunicar tus límites es una parte esencial de respetarte y honrarte a ti misma. Los límites saludables te permiten compartir tu vulnerabilidad de manera que te sientas segura y respetada.

Aprendiendo a Establecer Límites

Reflexiona sobre las áreas de tu vida donde necesitas establecer límites más claros para proteger tu bienestar emocional. Practica comunicar estos límites con firmeza y amor, recordando que hacerlo es un acto de auto-respeto y amor propio.

La Vulnerabilidad Como Camino Hacia el Amor Propio

Finalmente, abrazar tu vulnerabilidad es un camino directo hacia el amor propio. Al permitirte ser verdaderamente vista, con todas tus imperfecciones y bellezas, te das el regalo de la autenticidad. Y en esta autenticidad, encuentras la libertad para amarte a ti misma completamente.

Celebrando Tu Viaje

Cada paso que das hacia vivir más auténticamente a través de la vulnerabilidad es un motivo de celebración. Reconoce tu valentía, tu crecimiento y los momentos de conexión profunda que experimentas. Este viaje hacia el amor propio y la autenticidad es, quizás, el más importante que emprenderás.

Querida amiga, recuerda que tu vulnerabilidad es una fuente de fuerza, sabiduría y conexión. Al abrazarla, te abres a una vida de profundidad, significado y amor verdadero. Estoy aquí, caminando a tu lado, celebrando cada paso de valentía y autenticidad que das.

La Transformación de Emma: Un Viaje de Vulnerabilidad a Amor Propio.

Permíteme contarte la historia de Emma, una mujer cuyo experiencia personal podría resonar profundamente contigo. La historia de Emma es una de transformación, una que ilustra bellamente cómo enfrentar y aceptar nuestras vulnerabilidades puede ser el camino más directo hacia el amor propio.

El Despertar de Emma

Emma siempre se había considerado fuerte e independiente. Acostumbrada a lidiar sola con sus problemas, rara vez mostraba su verdadero yo a los demás, temiendo que su vulnerabilidad fuera vista como una debilidad. Sin embargo, bajo esta fachada de autosuficiencia, Emma luchaba con una profunda inseguridad y miedo al rechazo.

La vida de Emma cambió un día cuando se encontró frente a un desafío que no podía manejar sola. Un revés profesional la dejó sintiéndose perdida y desorientada, cuestionando su valor y su lugar en el mundo. Fue en este momento de crisis cuando Emma se dio cuenta de que no podía seguir adelante por sí sola.

El Poder de Pedir Ayuda

Dar el paso para pedir ayuda fue inmensamente difícil para Emma. Acostumbrada a ser la que siempre tenía todas las respuestas, encontrarse en una posición de necesidad la hacía sentir vulnerable y expuesta. Sin embargo, al alcanzar este punto de humildad, Emma comenzó a experimentar la verdadera fuerza de la vulnerabilidad.

Al abrirse y compartir sus luchas, Emma descubrió un mundo de apoyo y comprensión que nunca había imaginado. Amigos y familiares no solo ofrecieron su ayuda sino que también compartieron sus propias historias de vulnerabilidad, creando un profundo sentido de conexión y pertenencia. Fue en este intercambio de verdades donde Emma comenzó a ver su vulnerabilidad no como una debilidad, sino como un puente hacia relaciones más auténticas y significativas.

Enfrentando Sus Miedos

Con el apoyo de su comunidad, Emma comenzó a enfrentar sus miedos y a desafiar las creencias limitantes que había tenido sobre sí misma. Aprendió que mostrar su vulnerabilidad no la hacía menos valiosa ni amable; de hecho, la hacía más humana y relatable.

Este proceso de autoindagación y aceptación no fue fácil. Hubo momentos de duda y retroceso, donde las viejas inseguridades amenazaban con tomar el control una vez más. Sin embargo, cada vez que Emma elegía abrirse en lugar de cerrarse, se fortalecía su compromiso con el amor propio.

La Transformación

A lo largo de los meses, el viaje de Emma hacia el amor propio la llevó por caminos de autoconocimiento y crecimiento personal. Empezó a participar en actividades que nutrían su alma, a establecer límites saludables y a practicar la autocompasión. Aprendió a celebrar sus éxitos, por pequeños que fueran, y a tratar sus fracasos como oportunidades de aprendizaje.

La vulnerabilidad, que una vez fue su mayor temor, se convirtió en su herramienta más poderosa para el cambio. Emma descubrió que, al aceptar y abrazar sus imperfecciones, podía amarse a sí misma de manera más completa y profunda.

Compartiendo Su Luz

El viaje de Emma hacia el amor propio también la inspiró a compartir su historia con otras mujeres, ofreciéndoles la misma esperanza y comprensión que ella había encontrado. Se convirtió en una defensora de la vulnerabilidad, enseñando a través de su ejemplo que es posible transformar nuestras mayores inseguridades en nuestras fuentes más ricas de fuerza y conexión.

Reflexión

La historia de Emma es un recordatorio de que todos llevamos dentro la capacidad de enfrentar y aceptar nuestras vulnerabilidades. Al hacerlo, no solo nos abrimos a un mayor amor propio sino que también invitamos a otros a hacer lo mismo. En la vulnerabilidad, encontramos nuestra humanidad común, nuestras luchas compartidas y, lo más importante, nuestro poder colectivo para sanar y crecer.

Querida lectora, al igual que Emma, tú también tienes la fuerza para transformar tu relación contigo misma. Al abrazar tu vulnerabilidad, puedes descubrir un amor propio más profundo y duradero, uno que te sustenta y te eleva en cada paso de tu camino.

Guía para Escribir una Carta a Ti Misma Aceptando y Abrazando Tus Vulnerabilidades

Querida [Tu Nombre],

Esta carta es un refugio seguro, un espacio de amor y aceptación. Es una invitación a mirar dentro de ti, a reconocer y aceptar tus vulnerabilidades no como debilidades, sino como pruebas de tu fortaleza y humanidad. Es hora de abrazarte completa, con gentileza y comprensión, tal como eres.

Inicio: Reconocimiento de Tu Valor

Comienza reconociendo tu valor inherente. Escribe sobre las cualidades que aprecias en ti misma, aquellas luces interiores que brillan incluso en los días más oscuros. Recuerda que tu valor no depende de tus logros, ni de la percepción de los demás, sino de tu esencia.

Exploración de Tus Vulnerabilidades

Ahora, con delicadeza, dirige tu atención hacia tus vulnerabilidades. Identifica esas áreas de tu vida donde te sientes expuesta o insegura. ¿Qué emociones surgen al pensar en ellas? Miedo, tristeza, incertidumbre... Permite que estas emociones fluyan a través de tus palabras, sin juzgarlas, simplemente dándoles espacio para ser.

Aceptación de Tus Imperfecciones

En esta sección, reflexiona sobre cómo tus imperfecciones te hacen única. Cada cicatriz, cada miedo, cada duda, es parte de tu historia, una historia que solo tú puedes contar. Escribe sobre cómo estas imperfecciones te han enseñado lecciones valiosas o cómo han influido en tu crecimiento personal.

Comprensión de La Fortaleza en La Vulnerabilidad

Reflexiona sobre momentos en los que mostrar tu vulnerabilidad resultó en conexiones más profundas con otros o contigo misma. ¿Cómo te ha hecho más fuerte aceptar y compartir tus vulnerabilidades? Considera las maneras en que ser abierta sobre tus desafíos te ha permitido ser más compasiva, tanto hacia ti misma como hacia los demás.

Promesas para El Futuro

Finaliza tu carta con promesas para tu futuro yo. ¿Cómo te comprometerás a tratarte con más amabilidad, a darte espacio para crecer y a aceptarte plenamente? Escribe sobre las acciones concretas que tomarás para honrar tus vulnerabilidades, como prácticas de cuidado personal, establecer límites saludables o buscar apoyo cuando lo necesites.

Cierre: Una Nota de Amor y Esperanza

Cierra tu carta con una nota de amor y esperanza para ti misma. Recuérdate que estás en un proceso, uno lleno de aprendizaje y belleza, y que cada paso, incluso los más difíciles, te acerca más a la persona que deseas ser. Afírmate que, en la vulnerabilidad, encuentras tu mayor fortaleza y que, al abrazarte completa, abres la puerta a un amor propio profundo y duradero.

Con amor,

[Tu Nombre]

"Establecer límites saludables es el acto más genuino de respeto hacia uno mismo; es la declaración silenciosa que proclama: 'Valoro mi bienestar y mi paz interior por encima de la percepción de los demás'."

Capítulo 3: Estableciendo Límites Saludables.

El amor propio y el respeto por una misma es un paso crucial es aprender a establecer límites saludables. Los límites no solo protegen tu energía y tu bienestar emocional, sino que también son expresiones claras de tu autoestima y de cómo deseas ser tratada por los demás. Este capítulo te guiará a través del proceso de identificar, establecer y mantener límites saludables en diversas áreas de tu vida.

La Importancia de Establecer Límites

Los límites saludables son esenciales para una vida equilibrada y para relaciones interpersonales sanas. Sin límites claros, nos arriesgamos a perder nuestro sentido de identidad y a permitir que otros dicten cómo nos sentimos y cómo actuamos. Los límites son, por lo tanto, una forma de comunicar a los demás nuestras necesidades y expectativas de manera clara y respetuosa.

Reconociendo la Necesidad de Límites

El primer paso para establecer límites saludables es reconocer dónde y cuándo se necesitan. Esto puede incluir situaciones en las que te sientes desvalorizada, agotada o no respetada. Escucha a tu intuición; a menudo, es tu guía más confiable para identificar dónde se necesitan cambios.

Definiendo Tus Límites

Una vez reconocida la necesidad de límites, el siguiente paso es definirlos claramente para ti misma. Esto implica reflexionar sobre lo que es aceptable y lo que no lo es en tus relaciones, tu trabajo y tu vida personal. Este proceso de definición requiere honestidad y autoexploración profundas.

Comunicando Tus Límites

Comunicar tus límites puede ser desafiante, especialmente si no estás acostumbrada a hacerlo. Sin embargo, es un paso esencial para hacerlos respetar. Practica formas de comunicar tus límites de manera directa, pero amable. Recuerda, establecer límites es un acto de amor propio, no un acto de agresión hacia los demás.

Manteniendo Tus Límites

Una vez establecidos y comunicados tus límites, es crucial mantenerlos. Esto puede requerir reafirmarlos periódicamente y estar atenta a cualquier intento de transgresión. Mantener tus límites es un acto continuo de autorespeto y afirmación personal.

Navegando la Resistencia

Es natural enfrentar resistencia cuando comienzas a establecer límites, especialmente si es un cambio significativo en tu comportamiento. Algunas personas pueden reaccionar negativamente ante tus límites porque se benefician de la falta de ellos. Mantente firme y recuerda que aquellos que te valoran respetarán tus límites.

El Papel de los Límites en el Amor Propio

Establecer y mantener límites saludables es un testimonio de tu amor propio y tu autoestima. Cada límite que pones es una afirmación de tu valor y de tu derecho a ser tratada con respeto y consideración.

Ejercicios Prácticos para Establecer Límites

Reflexión Personal: Dedica tiempo a reflexionar sobre áreas de tu vida donde sientes que tus límites han sido ignorados. ¿Cómo te ha hecho sentir esto? ¿Qué límites te gustaría establecer para evitar estas situaciones en el futuro?

✿ Practica la comunicación de tus límites con un amigo o familiar de confianza. Esto puede ayudarte a sentirte más cómoda y segura al hacerlo en situaciones reales.

Diario de Límites: Lleva un diario donde registres situaciones en las que hayas establecido límites. Anota cómo te sentiste antes, durante y después de establecerlos. Este diario puede ser una fuente valiosa de autoconocimiento y empoderamiento.

Querida amiga, establecer límites saludables es una de las formas más poderosas de cuidarte y respetarte. Aunque puede ser un desafío al principio, con práctica y determinación, puedes transformar tu vida en una que refleje tu verdadero valor y dignidad. Recuerda, tienes el derecho y la responsabilidad de proteger tu bienestar emocional, físico y mental. Al establecer límites, no solo te estás respetando a ti misma, sino que también estás enseñando a los demás cómo quieres ser tratada.

La Importancia de Establecer Límites Saludables como Forma de Auto-Respeto

En el amor propio y la autorrealización, hay una verdad fundamental que a menudo se pasa por alto: establecer límites saludables es una de las formas más profundas de auto-respeto. Los límites no solo definen cómo permitimos que los demás nos traten, sino que también reflejan cómo nos vemos y valoramos a nosotros mismos. En este capítulo, exploraremos la importancia de estos límites y cómo puedes comenzar a implementarlos en tu vida para fomentar un mayor bienestar y respeto propio.

Comprendiendo los Límites Saludables

Los límites saludables son las fronteras psicológicas que establecemos para proteger nuestro bienestar emocional, físico y mental. Son declaraciones poderosas de nuestras necesidades y expectativas en nuestras relaciones personales y profesionales. Estos límites nos permiten separar quiénes somos y lo que pensamos y sentimos, de los pensamientos y sentimientos de los demás. Al definir estos espacios, afirmamos nuestro valor y nuestro derecho a ser tratados con respeto y consideración.

¿Por Qué Son Tan Importantes?

En un mundo que constantemente intenta definirnos, los límites son nuestra afirmación de independencia y autonomía. Nos permiten mantener nuestra integridad frente a las presiones externas y nos ayudan a gestionar cómo interactuamos con el mundo. Sin límites claros, es fácil perderse en las necesidades y deseos de los demás, olvidando nuestras propias necesidades y lo que es esencial para nuestro bienestar.

Límites y Auto-Respeto

Establecer límites es un acto de auto-respeto porque demuestra que valoras tu bienestar y te tomas en serio tu salud emocional y física. Cada vez que dices "no" a una demanda que compromete tu energía, tiempo o valores, te estás honrando a ti misma y a tus necesidades. Este "no" no es un rechazo a los demás, sino una afirmación de ti misma.

Identificar Dónde se Necesitan Límites

El primer paso para establecer límites saludables es reconocer dónde se necesitan. Esto puede ser en relaciones donde sientes que tus necesidades son constantemente ignoradas o en situaciones laborales donde te sientes explotada o infravalorada. Escucha a tu cuerpo y a tus emociones: a menudo, ellos te dirán dónde se están cruzando tus límites.

Aprendiendo a Decir No

Decir "no" es una habilidad esencial en el arte de establecer límites. Requiere práctica, especialmente si estás acostumbrada a poner las necesidades de los demás antes que las tuyas. Comienza con pequeños rechazos a demandas que no resuenan contigo o que drenan tu energía. Con el tiempo, esta práctica reforzará tu confianza en establecer límites más significativos.

Manejo de la Culpa

Es común sentirse culpable al principio cuando empiezas a establecer límites, especialmente si otros reaccionan negativamente. Recuerda, establecer límites no te hace egoísta; te hace auténtica. La culpa suele surgir de viejas creencias sobre nuestra "obligación" de complacer a los demás, pero tu principal obligación es contigo misma y tu bienestar.

Límites en la Práctica

Establecer límites efectivos requiere claridad, consistencia y comunicación. Define claramente tus límites y comunícalos de manera directa y respetuosa. Sé consistente en hacerlos valer, incluso cuando sea incómodo. Recuerda, no necesitas justificar tus límites; tu bienestar es razón suficiente.

Fortaleciendo Tu Autoestima a Través de Límites Saludables

Cada límite que estableces y mantienes refuerza tu autoestima y auto-respeto. Con cada "no" que das, afirmas tu valor y tu derecho a determinar cómo quieres vivir tu vida. Esta práctica de auto-respeto te lleva a una mayor confianza y una sensación de control sobre tu vida.

Establecer límites saludables es un proceso continuo de auto-descubrimiento, afirmación y respeto. Requiere valentía para defender tu bienestar y la integridad de tu espacio personal. Pero recuerda, eres digna de ese esfuerzo. Eres digna de ser tratada con respeto y consideración. Y eres absolutamente digna de un amor que comienza, ante todo, contigo misma.

Preguntas de Autoevaluación sobre Límites Personales

Explorar tus límites personales es un acto de autoconocimiento y autorespeto. Las siguientes preguntas están diseñadas para ayudarte a reflexionar sobre cómo estableces y mantienes tus límites, y cómo estos reflejan tu amor y respeto por ti misma.

Reflexiones Generales

⚘ ¿Cómo definirías tus límites personales actualmente? Considera diferentes áreas de tu vida: emocional, física, digital, y espiritual.

⚘ ¿Hay situaciones recientes donde hayas sentido que tus límites fueron desrespetados? ¿Cómo reaccionaste en esos momentos?

⚘ ¿Te resulta difícil decir "no" a las peticiones de otros? Reflexiona sobre por qué podría ser así.

⚘ ¿Puedes identificar algún patrón en las situaciones donde te resulta difícil establecer límites?

Límites en Relaciones Interpersonales

⚘ ¿Cómo comunicas tus límites a amigos, familiares y compañeros de trabajo? ¿Sientes que te comprenden y respetan?

⚘ ¿Hay personas en tu vida que constantemente prueban o ignoran tus límites? ¿Cómo te hace sentir esto, y cómo has respondido?

⚘ En tus relaciones más cercanas, ¿sientes que tus necesidades y deseos son considerados? ¿Cómo afecta esto a tu percepción de dichas relaciones?

- ¿Cómo manejas situaciones donde alguien te pide más de lo que estás dispuesta a dar?

Identificar Situaciones que Requieren Límites Más Fuertes y Planificar Cómo Establecerlos

A lo largo de nuestra vida, nos encontramos en situaciones variadas donde nuestra energía, tiempo y bienestar emocional se ven desafiados. Establecer límites saludables es esencial para proteger nuestro espacio personal y mantener relaciones equilibradas y respetuosas. Aquí te guío en cómo identificar estas situaciones y planificar la implementación de límites más fuertes.

Reconociendo la Necesidad de Límites Más Fuertes

- Situaciones Recurrentes de Malestar: Reflexiona sobre momentos repetitivos en los que te has sentido drenada, infravalorada o desrespetada. Estos patrones son indicadores claros de que se necesitan límites más definidos.

🌱 Sensación de Pérdida de Control: Si frecuentemente sientes que otras personas dictan cómo usas tu tiempo o energía, es momento de reevaluar y establecer límites que te devuelvan el control sobre tu vida.

🌱 Relaciones Unilaterales: Considera aquellas relaciones en las que sientes que das mucho más de lo que recibes, creando un desequilibrio emocional. Este es un área crítica para fortalecer tus límites.

Planificación para Establecer Límites

🌱 Definición Clara de Límites: Antes de comunicar tus límites, es crucial tener una idea clara de qué es lo que necesitas cambiar. Escribe específicamente qué comportamientos no son aceptables y qué esperas en su lugar.

🌱 Comunicación Efectiva: Prepara cómo vas a comunicar estos límites. Practica ser directa y clara, usando "yo siento" o "yo necesito" para expresar tus necesidades sin culpar o atacar a la otra persona.

🌱 Estrategias de Refuerzo: Piensa en cómo responderás si tus límites no son respetados. Tener un plan te ayudará a mantenerte firme y a reafirmar tus límites con confianza.

Ejemplos Prácticos

❧ En el Trabajo: Si te encuentras constantemente asumiendo tareas adicionales fuera de tu responsabilidad, planea una conversación con tu superior para discutir tu carga de trabajo actual y cómo afecta tu rendimiento y bienestar.

❧ En Relaciones Personales: Si sientes que una amistad o relación familiar se ha vuelto unidireccional, considera establecer un límite comunicando cómo te sientes y lo que necesitarías para que la relación sea más equilibrada.

❧ Con Respecto al Tiempo Personal: Si tu tiempo personal se ve constantemente invadido, empieza a bloquear segmentos de tiempo dedicados exclusivamente a ti misma y comunica claramente a los demás que esos momentos no están disponibles para interrupciones.

Manteniendo Tus Límites

❧ Consistencia: La clave para mantener tus límites es la consistencia. No permitas excepciones basadas en la culpa o la presión de los demás.

- Auto-refuerzo Positivo: Cada vez que mantienes un límite, tómate un momento para reconocer y celebrar tu logro. Esto refuerza tu capacidad para seguir respetando tus necesidades.

- Evaluación y Ajuste: Los límites pueden necesitar ajustes a medida que cambian las situaciones y las relaciones. Revísalos regularmente y ajusta según sea necesario para reflejar tu crecimiento personal y cambios en tu vida.

Establecer y mantener límites más fuertes es un acto de amor propio y respeto. Aunque puede ser desafiante al principio, especialmente si no estás acostumbrada a priorizar tus necesidades, recuerda que tienes el derecho inherente de proteger tu bienestar. Al fortalecer tus límites, no solo mejoras tu calidad de vida, sino que también enseñas a los demás cómo quieres ser tratada, creando relaciones más sanas y respetuosas.

Espero que esta guía te haya provisto de claridad y herramientas para empoderarte en el establecimiento de límites saludables en tu vida. Recuerda, tú eres la guardiana de tu espacio personal, y establecer límites es una señal de fuerza, claridad y respeto por ti misma.

"La verdadera alegría surge al abrazar quién eres sin reservas, descubriendo en cada paso la libertad de expresar tu esencia única sin miedo ni disculpas."

Capítulo 4: La Alegría de Ser Tú Misma

Este capítulo es una invitación a celebrar la maravillosa singularidad de ser exactamente quien eres. En un mundo que constantemente intenta moldearnos según sus expectativas y estándares, encontrar la alegría en simplemente ser tú misma es un acto revolucionario de amor propio.

Reconociendo Tu Unicidad

Eres un conjunto irreplicable de pensamientos, emociones, experiencias y sueños. No hay nadie más en el mundo con tu combinación exacta de rasgos, pasiones y perspectivas. Este reconocimiento es el primer paso hacia la celebración de tu individualidad.

- ¿Cuáles son las cualidades que te hacen única? Considera tus talentos, tus peculiaridades, las pasiones que encienden tu alma. Escribe sobre ellos, no solo como un acto de autoconocimiento, sino como una afirmación de tu valor intrínseco.

Deshaciéndote de las Comparaciones

La comparación es el ladrón de la alegría, especialmente en la era de las redes sociales, donde solo vemos los aspectos destacados de la vida de los demás. Recuerda, cada persona está en su propio viaje, con sus propias batallas y victorias.

 ❧ Cada vez que te encuentres cayendo en la trampa de la comparación, detente y enumera tres cosas por las que estás agradecida en tu vida. Cambiar el enfoque a la gratitud puede ayudarte a apreciar tu propio camino.

Abrazando Tus Imperfecciones

Las imperfecciones son parte de la belleza de ser humano. Son testimonios de nuestras experiencias, aprendizajes y crecimiento. Abrazar tus imperfecciones no es resignación, sino una aceptación amorosa de toda tu complejidad.

 ❧ Escribe una carta a una parte de ti que has luchado por aceptar. En lugar de crítica, llena esta carta con palabras de comprensión, aceptación y amor. Este acto puede ser profundamente sanador.

Estableciendo Tu Propio Estándar de Éxito

El éxito es profundamente personal y subjetivo. Definir el éxito según tus propios términos, en lugar de adherirte a las nociones tradicionales, te libera para perseguir lo que verdaderamente te hace feliz y satisfecha.

- Reflexiona sobre lo que significa el éxito para ti. ¿Es paz mental? ¿Felicidad? ¿Realización creativa? Define tus propios criterios de éxito y escribe pequeños pasos que puedes tomar para alcanzarlos.

Encontrando Tu Voz

Tu voz es tu herramienta más poderosa para expresar tu autenticidad. Ya sea a través del arte, la escritura, la defensa de causas en las que crees o simplemente viviendo tu verdad, usar tu voz fortalece tu sentido de sí misma.

- Comprométete a hacer algo que refleje tu voz única esta semana. Podría ser algo tan simple como expresar una opinión que normalmente guardarías para ti o comenzar un proyecto creativo que has estado posponiendo.

Conclusión: La Alegría de Ser Auténtica-mente Tú

Querida amiga, la alegría de ser tú misma es incomparable. Es un viaje de auto-descubrimiento, valentía y, sobre todo, amor propio. A medida que avanzas en este camino, recuerda que cada paso hacia ser más auténticamente tú es un paso hacia una vida más rica y significativa.

Celebra tu unicidad, abraza tus imperfecciones, y nunca dejes de expresar tu verdadera voz. La magia de ser tú misma es tu regalo al mundo, y es una fuente inagotable de alegría y satisfacción.

Celebrar la Individualidad y Encontrar la Alegría en Ser Auténticamente Una Misma.

Este capítulo es una oda a tu individualidad, un tributo a la esencia única que te hace ser tú. En un mundo que a menudo empuja hacia la conformidad, descubrir y abrazar tu autenticidad es un acto revolucionario de amor propio. Aquí exploramos cómo puedes celebrar tu individualidad y encontrar una profunda alegría en ser auténticamente tú.

Reconociendo Tu Unicidad

Tu viaje comienza con el reconocimiento de que no hay nadie más en el mundo exactamente como tú. Este reconocimiento es poderoso. Tu combinación de pensamientos, sentimientos, experiencias y sueños es única. Y esta unicidad es tu regalo al mundo.

⚘ Dedica un momento para reflexionar sobre las cualidades que te distinguen. ¿Qué pasiones te mueven? ¿Qué te hace sonreír sin esfuerzo? Cada uno de estos elementos contribuye a tu singularidad.

La Belleza de Tus Imperfecciones

En la celebración de tu individualidad, tus imperfecciones juegan un papel fundamental. Lejos de ser fallas, son marcas de tu humanidad y testimonios de tu viaje de vida. Aprender a amar estas partes de ti misma es esencial para vivir auténticamente.

⚘ Escribe una lista de las imperfecciones que anteriormente te costaba aceptar. Al lado de cada una, anota cómo cada imperfección te ha enseñado, fortalecido o ayudado a crecer.

Creando Tu Propio Camino

Vivir auténticamente significa crear tu propio camino, guiado por tus valores, intereses y pasiones. Es un camino que solo tú puedes trazar y que refleja tu esencia en cada paso.

- ⚘ Imagina tu vida ideal, aquella que refleje plenamente quién eres. ¿Qué estás haciendo? ¿Con quién estás? ¿Cómo te sientes? Escribe sobre esta visión y los pasos pequeños pero significativos que puedes tomar hacia ella.

La Fuerza en la Vulnerabilidad

Ser auténticamente tú misma también significa ser vulnerable. Mostrar al mundo tu verdadero yo, con todas tus fortalezas y debilidades, es un acto de valentía. En esta vulnerabilidad, hay una fuerza inmensurable.

- ⚘ Comparte algo personal y auténtico sobre ti misma con alguien en quien confíes. Observa cómo este acto de vulnerabilidad fortalece tu relación y te hace sentir más conectada tanto contigo misma como con los demás.

Celebrando tu Evolución

Tu individualidad no es estática; es un flujo constante de evolución y crecimiento. Celebrar cada fase de tu viaje, cada descubrimiento sobre ti misma, es fundamental para apreciar plenamente quién eres.

🌱 Crea un ritual para celebrar tus logros personales, grandes y pequeños. Puede ser algo tan simple como una cena especial, un paseo en la naturaleza, o un momento de reflexión tranquila.

Conclusión: La Alegría Infinita de Ser Tú Misma

🌱 Encontrar la alegría en ser auténticamente tú no es un destino final, sino un viaje continuo de auto-descubrimiento y amor propio. Es un camino que te lleva a través de la aceptación, la vulnerabilidad, y la celebración de tu individualidad única.

Querida amiga, al abrazar tu singularidad, no solo te liberas de las cadenas de la expectativa y la conformidad, sino que también abres tu corazón a una alegría y satisfacción profundas. Recuerda siempre, tu individualidad es tu superpoder, y hay una alegría inmensa simplemente en ser quien realmente eres.

Testimonios de Mujeres que Han Encontrado la Felicidad al Abrazar su Verdadero Yo

Testimonio 1: Maria

"Durante años, me escondí detrás de la imagen de quien creía que debía ser. Como contable en una gran firma, tenía éxito, pero mi corazón anhelaba el arte, mi primera pasión. El miedo al juicio me mantuvo atada a una vida que no sentía mía. Un día, no pude más; renuncié y volví a la pintura. Fue aterrador, pero al compartir mi arte, encontré una comunidad que resonaba con mi verdad. La alegría de ser auténticamente yo, una artista, me ha llenado de una felicidad y plenitud que nunca conocí en mi antigua carrera. Mi verdadero yo era alguien que necesitaba crear, no contabilizar."

Testimonio 2: Victoria

"Siempre me dijeron que era demasiado soñadora, demasiado solitaria para el mundo real. Durante años, seguí el camino esperado: universidad, trabajo, matrimonio. Pero mi alma ansiaba aventura, conocer el mundo más allá de mi pequeña ciudad. Después de mi divorcio, tomé la decisión más aterradora y emocionante de mi vida: vendí todo y compré un boleto de avión sin retorno. Viajar sola me enseñó a confiar en mí misma, a abrazar la incertidumbre, y a encontrar una felicidad profunda en la conexión con culturas y personas de todo el mundo. Mi verdadero yo era una exploradora, no alguien que se conformara con la comodidad de lo conocido."

Testimonio 3: Elizabeth

"Ser abogada en un mundo dominado por hombres fue un desafío desde el principio. Sentí que tenía que ser dura, inquebrantable, casi despiadada, para ser tomada en serio. Pero esa no era yo. Mi verdadera pasión siempre fue la justicia social y los derechos humanos. Un caso cambió todo para mí; defendí a una comunidad marginada contra una gran corporación, y aunque era el caso más difícil de mi carrera, fue el más gratificante. Ese momento fue un punto de inflexión; decidí dejar mi posición en la firma y trabajar con organizaciones sin fines de lucro. Encontré mi felicidad al servir a los demás y luchar por causas en las que creo profundamente. Mi verdadero yo era una defensora, no solo una abogada."

Testimonio 4: Beth

"Desde pequeña, cantar era mi escape, mi forma de expresión más pura. Pero la vida, con sus muchas responsabilidades, me alejó de mi pasión. Fui madre joven y dediqué años a mi familia, dejando de lado mi amor por la música. Cuando mis hijos crecieron, el vacío que sentía era inmenso. Un día, impulsivamente, me inscribí en un coro comunitario. Cantar nuevamente, sentir la música fluir a través de mí, fue como volver a casa. Ahora, realizo pequeños conciertos en eventos locales. No busco fama; solo expresar mi verdad a través de la música. He encontrado una alegría indescriptible en ser fiel a mi esencia. Mi verdadero yo era una cantante, siempre lo fue."

Testimonio 5: Patricia

"Después de años en el mundo corporativo, sentía que mi creatividad y espíritu emprendedor estaban siendo sofocados. Soñaba con iniciar mi propio negocio, pero el miedo al fracaso me paralizaba. La pérdida de mi trabajo fue el empujón que necesitaba. Con una mezcla de terror y emoción, lancé mi línea de productos ecológicos. Fueron meses de arduo trabajo y muchas noches sin dormir, pero cada pequeño éxito me llenaba de una alegría inmensa. Ahora, lidero una empresa exitosa que refleja mis valores y pasiones. Encontré mi felicidad al perseguir mi sueño y ser auténticamente yo. Mi verdadero yo era una emprendedora, no una empleada más en la escalera corporativa."

Diario de Gratitud: Reconociendo tu Unicidad y Cultivando la Apreciación por Quien Eres

En un mundo que a menudo nos empuja hacia la comparación y la autocrítica, tomarse un momento para reconocer y agradecer por lo que somos parece un acto revolucionario. Un diario de gratitud, enfocado en los aspectos únicos de ti misma, es una herramienta poderosa para transformar tu relación contigo y con el mundo que te rodea. Este no es solo un ejercicio de reflexión, sino un camino hacia el amor propio y la aceptación.

La Importancia de la Gratitud Autodirigida

La gratitud es más que simplemente decir "gracias" por las cosas buenas que te suceden; es una práctica de reconocimiento activo de todo lo que contribuye a tu vida, incluyendo tus propias cualidades, fortalezas y experiencias. Al centrarte en la gratitud hacia ti misma, refuerzas el valor de tu ser y fomentas una perspectiva más positiva de tu vida.

Empezando tu Diario de Gratitud

🌱 Elige un Cuaderno que Resuene Contigo: Este será el recipiente de tus pensamientos y agradecimientos más íntimos. Que su diseño te inspire y te invite a la reflexión.

🌱 Dedica un Tiempo Especial: Encuentra un momento del día en el que puedas estar tranquila, sin interrupciones. Este es tu espacio sagrado para conectar contigo misma.

🌱 Comienza con lo Básico: Al principio, puede ser desafiante identificar por qué estás agradecida, especialmente si estás enfocándote en ti misma. Comienza agradeciendo por aspectos básicos como tu salud, tu capacidad para amar, tu resiliencia o incluso tu curiosidad.

Profundizando en tu Práctica de Gratitud

🌱 Reconoce tus Logros: No importa cuán pequeños sean, cada paso que has dado es digno de reconocimiento. Agradécete por los esfuerzos, por los aprendizajes y por la valentía de intentarlo.

- Aprecia tus Características Únicas: ¿Qué cualidades te distinguen? Tal vez sea tu empatía, tu sentido del humor, tu creatividad o tu manera de resolver problemas. Celebra estas características que te hacen ser quien eres.

- Valora tus Desafíos Superados: Cada obstáculo que has enfrentado y superado es una prueba de tu fortaleza. Agradécete por no rendirte, por buscar soluciones y por crecer a través de las dificultades.

Expandiendo tu Visión a través de la Gratitud

- Gratitud por las Relaciones: Aunque este diario se centra en ti, reconocer cómo las relaciones han moldeado y enriquecido tu vida puede profundizar tu apreciación por ti misma y por los demás.

- Gratitud por las Experiencias de Vida: Cada experiencia, buena o mala, te ha aportado algo valioso. Agradece por las lecciones aprendidas y por cómo estas han contribuido a tu evolución personal.

Manteniendo la Consistencia

La práctica regular es clave para cultivar una perspectiva de gratitud. No te preocupes si un día no sientes que tienes mucho por lo cual estar agradecida; la gratitud puede encontrarse incluso en las reflexiones más pequeñas y cotidianas.

Llevar un diario de gratitud centrado en ti misma es la llave hacia el reconocimiento y la celebración de tu propia vida. Es un camino hacia ver cada día, y a ti misma, bajo una luz de aprecio y maravilla. Con cada página que llenas, estás construyendo una relación más amorosa y compasiva contigo misma, una que te sostendrá en los días buenos y en los desafíos.

"Crecer a través de los desafíos es transformar cada obstáculo en un peldaño más hacia la cima de tu desarrollo personal, donde cada prueba no es un freno, sino un impulso hacia adelante."

Capítulo 5: Creciendo a Través de los Desafíos

La vida está repleta de desafíos, algunos pequeños y manejables, otros tan grandes que parecen insuperables. Sin embargo, cada desafío lleva en sí una semilla de crecimiento, una oportunidad para aprender más sobre ti misma y para fortalecer tu amor propio. Este capítulo es una invitación a ver los desafíos no como obstáculos en tu camino, sino como maestros, cada uno con lecciones valiosas que ofrecerte.

La Naturaleza de los Desafíos

Los desafíos vienen en muchas formas: una pérdida, un fracaso, una enfermedad, un cambio inesperado. Sin embargo, independientemente de su forma, todos comparten un propósito común: impulsarte a explorar y expandir tus límites, a reconsiderar lo que creías posible y a descubrir una fortaleza en ti que quizás no sabías que existía.

Reconocer la Oportunidad en la Adversidad

El primer paso para crecer a través de los desafíos es cambiar tu percepción de ellos. En lugar de verlos como injusticias o maldiciones, intenta verlos como oportunidades para el crecimiento y el aprendizaje. Pregúntate: ¿Qué puede enseñarme esta situación? ¿Cómo puede ayudarme a ser una versión más fuerte y compasiva de mí misma?

Aceptar Tus Emociones

Enfrentarse a desafíos a menudo despierta un torbellino de emociones: miedo, ira, tristeza, frustración. Permítete sentir estas emociones sin juicio. Reconocer y aceptar tus emociones es el primer paso hacia la sanación y el crecimiento.

Buscar las Lecciones

Cada desafío que enfrentas tiene lecciones que ofrecerte. Algunas pueden ser claras desde el principio, mientras que otras pueden revelarse con el tiempo. Mantén un diario de tus experiencias y reflexiones para ayudarte a identificar las lecciones y cómo puedes aplicarlas en tu vida.

Fortaleciéndote a Través de la Resiliencia

La resiliencia es la capacidad de recuperarte de las dificultades, de adaptarte y seguir adelante. Desarrollar resiliencia es un proceso, uno que implica cuidarte a ti misma, buscar apoyo cuando lo necesites y recordarte constantemente tu capacidad para superar los desafíos.

Celebrando Tus Victorias

Cada desafío que superas es una victoria, sin importar cuán pequeña sea. Celebra tus logros, reconoce tu crecimiento y recuerda estos momentos en tiempos de duda. Son recordatorios poderosos de tu fuerza y tu capacidad para enfrentar lo que venga.

Apoyándote en Otros

Nadie tiene que enfrentar sus desafíos sola. Busca el apoyo de amigos, familiares o profesionales cuando lo necesites. Compartir tus luchas y victorias con otros no solo te proporciona consuelo y perspectiva, sino que también te recuerda que estás rodeada de amor y apoyo.

Encuentra Tu "Por Qué"

Enfrentar desafíos se hace más manejable cuando tienes un claro sentido de propósito, tu "por qué". Ya sea que te centres en tus seres queridos, en tus pasiones o en tus metas a largo plazo, tener un por qué te proporciona la motivación para seguir adelante, incluso en los momentos más difíciles.

Querida amiga, recuerda que cada desafío que enfrentas es una parte esencial de tu viaje, una oportunidad para crecer, aprender y fortalecerte. Aunque el camino puede ser difícil, está repleto de posibilidades infinitas para descubrir nuevas fortalezas en ti misma y para construir una vida de profundo significado y satisfacción. Enfrenta cada desafío con coraje, abierta a las lecciones que tiene para ofrecerte, y recuerda siempre: eres más fuerte de lo que crees, más resiliente de lo que imaginas, y capaz de superar cualquier cosa que la vida ponga en tu camino.

Transformando Desafíos y Fracasos en Puentes hacia el Crecimiento Personal y el Amor Propio

La vida, en su inmensa complejidad, nos presenta una serie de desafíos y fracasos que, aunque en el momento puedan parecer insuperables, llevan en sí el potencial para un profundo crecimiento personal y el fortalecimiento del amor propio. Este capítulo es una invitación a mirar esos momentos no como el fin de tu historia, sino como puntos de partida para una transformación significativa.

La Naturaleza de los Desafíos y Fracasos

Primero, es fundamental reconocer que los desafíos y fracasos son aspectos inherentes de la experiencia humana. No son indicativos de tu valor como persona ni definen tu capacidad para alcanzar el éxito y la felicidad. Son, más bien, oportunidades disfrazadas que te impulsan a explorar nuevas facetas de tu ser, a reevaluar lo que verdaderamente importa y a fortalecer tu resiliencia.

Reconocer y Aceptar tus Emociones

Ante un fracaso o desafío, es natural experimentar una gama de emociones: tristeza, ira, frustración, decepción. Permítete sentir estas emociones plenamente; reconocerlas y aceptarlas es el primer paso hacia la sanación y el crecimiento. Suprimirlas o negarlas solo retrasa tu proceso de recuperación y aprendizaje.

Buscando las Lecciones Ocultas

Cada desafío y fracaso trae consigo lecciones valiosas. Pregúntate: ¿Qué puedo aprender de esta experiencia? ¿Cómo puede esto contribuir a mi crecimiento personal? Reflexionar sobre estas preguntas te ayuda a encontrar significado en la adversidad y te guía hacia el crecimiento.

La Resiliencia: Tu Mayor Fortaleza

La resiliencia, la capacidad de recuperarte frente a la adversidad, es una de tus mayores fortalezas. Desarrollarla implica una combinación de aceptación, optimismo, y la habilidad para adaptarte y encontrar soluciones. Recuerda, ser resiliente no significa no sentir dolor o decepción; significa tener la determinación de seguir adelante, incluso cuando el camino es incierto.

Redefiniendo el Fracaso

Es hora de redefinir lo que el fracaso significa para ti. En lugar de verlo como un punto final, considéralo como un escalón en tu camino hacia el éxito y el autoconocimiento. Cada "fracaso" es, en realidad, una prueba de tu valentía al intentar y una oportunidad para comenzar de nuevo con más sabiduría.

Nutriendo tu Amor Propio

Enfrentar desafíos y superar fracasos es también un ejercicio de amor propio. Trátate con la misma compasión y gentileza que ofrecerías a un ser querido en una situación similar. Reconoce tus esfuerzos y celebra tus pequeños logros en el camino hacia la recuperación y el crecimiento.

Estableciendo un Nuevo Curso

Con cada desafío superado y cada fracaso dejado atrás, tienes la oportunidad de establecer un nuevo curso para tu vida. Utiliza estas experiencias como puntos de referencia para clarificar tus valores, tus pasiones y lo que realmente deseas alcanzar.

La Importancia del Apoyo

No tienes que enfrentar estos momentos sola. Busca el apoyo de amigos, familiares o profesionales que puedan ofrecerte una perspectiva diferente, aliento y comprensión. A veces, simplemente compartir tu experiencia puede aligerar tu carga y abrirte a nuevas soluciones.

Celebrando tu Evolución

Cada vez que superas un desafío o te recuperas de un fracaso, estás evolucionando. Estás aprendiendo, creciendo y convirtiéndote en una versión más fuerte y sabia de ti misma. Celebra esta evolución; es un testimonio de tu resiliencia, tu coraje y tu capacidad infinita para el amor propio.

Te presente que los desafíos y fracasos no son más que parte del tejido de tu vida, tejido que tú misma estás constantemente tejiendo con hilos de experiencias, aprendizajes y crecimiento. Cada obstáculo que enfrentas, cada "error" que cometes, es una oportunidad disfrazada para profundizar en tu amor propio y forjar una versión de ti misma más fuerte, resiliente y auténtica. Abraza estos momentos con coraje y curiosidad, sabiendo que cada paso, incluso los que parecen retroceder, son parte esencial de tu hermoso viaje de ser simplemente tú.

Resiliencia y Superación: Un Camino hacia el Empoderamiento Personal

Querida amiga,

Este momento es para ti, para reflexionar sobre la resiliencia y la superación, esos pilares que sostienen nuestro crecimiento personal y nos impulsan hacia adelante, incluso ante las adversidades más desafiantes. La resiliencia no es solo sobrevivir a las tormentas, es también aprender a bailar bajo la lluvia, encontrar la alegría en los desafíos y la fuerza en los momentos de debilidad.

Entendiendo la Resiliencia

La resiliencia es esa fuerza interior que te permite recuperarte de las dificultades. Es la capacidad de enfrentar la adversidad, adaptarte, aprender de la experiencia y seguir adelante con más fortaleza y sabiduría. Pero, ¿cómo se cultiva esta cualidad tan esencial?

Reconoce tu Fuerza Interior: Comienza por reconocer que dentro de ti reside una fortaleza inquebrantable. Recuerda momentos pasados donde has superado obstáculos. Cada uno de esos momentos es una prueba de tu resiliencia.

1. Parte de la resiliencia es aceptar que hay cosas que no podemos cambiar. La aceptación no significa resignación, sino reconocer nuestra realidad para poder actuar de manera efectiva.

Cuida de Ti Misma: La resiliencia se nutre cuando te cuidas física, emocional y espiritualmente. Esto significa alimentar tu cuerpo con lo que necesita, dar espacio a tus emociones sin juicio y conectar con aquello que da sentido a tu vida.

Construye Relaciones de Apoyo: Estamos diseñadas para la conexión. Rodéate de personas que te nutran, te apoyen y te levanten. La resiliencia se fortalece en comunidad.

Aprende de las Adversidades: Cada desafío trae consigo lecciones valiosas. Busca esos aprendizajes y utilízalos para crecer. Pregúntate qué puede enseñarte esta experiencia sobre ti misma, sobre los demás y sobre la vida.

El Camino de la Superación

Superar no significa olvidar o hacer como si el dolor nunca hubiera existido. Significa integrar nuestras experiencias, incluso las más dolorosas, en nuestra historia de vida de una manera que nos permita avanzar con propósito y esperanza.

Establece Metas Realistas: La superación a menudo comienza con pequeños pasos. Establece metas alcanzables que te motiven y te acerquen a donde quieres estar. Celebra cada logro, por pequeño que sea.

Cultiva una Mentalidad Positiva: La forma en que hablamos con nosotros mismos tiene un poder enorme. Cultiva un diálogo interno positivo, uno que te empodere y te recuerde tu capacidad para superar y crecer.

Encuentra tu Porqué: Tener un sentido de propósito puede ser tu faro en momentos de oscuridad. Encuentra ese "porqué" que te impulsa, esa razón que te da fuerza para levantarte cada vez que caes.

Sé Paciente Contigo Misma: La superación es un proceso, no un destino. Sé paciente y gentil contigo misma en este viaje. Reconoce que cada paso, incluso los retrocesos, son parte de tu camino hacia adelante.

Busca Recursos y Apoyo: No tienes que hacerlo sola. Busca libros, grupos de apoyo, terapia o cualquier recurso que resuene contigo y te ofrezca herramientas y acompañamiento en tu proceso de superación.

Tu camino hacia la resiliencia y la superación está lleno de fuerza, coraje y belleza. Recuerda, no se trata de no caer nunca, sino de tener la valentía de levantarte cada vez, armada con nuevas lecciones, esperanza renovada y un amor propio más profundo. En cada desafío hay una oportunidad para descubrirte, para crecer y para reafirmarte en tu poder personal.

Transformación a Través de la Adversidad: Un Viaje de Superación Personal

Este momento es para ti, para reflexionar sobre aquellos desafíos que han marcado un antes y un después en tu vida. Cada uno de nosotros enfrenta momentos de prueba que parecen insuperables, pero es precisamente a través de estos momentos donde se forja nuestro verdadero carácter y resiliencia.

El Desafío: Un Momento Definitorio

Recuerda ese desafío personal que se presentó en tu vida como una montaña inmensa y aparentemente inescalable. Quizás fue una pérdida dolorosa, un fracaso profesional, una enfermedad, o una ruptura emocional. En ese momento, el camino adelante parecía oscuro y lleno de incertidumbre.

El Proceso de Enfrentamiento

Al principio, la resistencia fue tu primer instinto. Luchar contra la realidad de la situación te dejó exhausta y, tal vez, te sentiste perdida. Pero con el tiempo, empezaste a encontrar en tu interior una fuerza que no sabías que tenías. Poco a poco, comenzaste a tomar pequeños pasos hacia la aceptación y la búsqueda de soluciones. Cada paso, aunque pequeño, te hacía sentir más fuerte y más capaz.

La Búsqueda de Apoyo

Reconociste que no tenías que enfrentar este desafío sola. Buscaste apoyo en amigos, familiares, o incluso en profesionales que te ofrecieron una perspectiva diferente y te ayudaron a cargar el peso de tu situación. Este apoyo fue crucial para recordarte que la esperanza y la ayuda están siempre disponibles, incluso en los momentos más oscuros.

Las Lecciones Aprendidas

Con el tiempo, este desafío te enseñó lecciones valiosas sobre ti misma y sobre la vida. Aprendiste sobre la importancia de la resiliencia, la aceptación, y el poder de una actitud positiva frente a la adversidad. Descubriste que dentro de ti reside una fortaleza inquebrantable y que tu capacidad para superar y adaptarte es mucho mayor de lo que imaginabas.

El Crecimiento Personal

Este desafío, aunque difícil, se convirtió en un catalizador para tu crecimiento personal. Te volviste más compasiva, tanto contigo misma como con los demás. Aprendiste el valor de vivir de acuerdo con tus valores y de perseguir lo que realmente importa para ti. Este proceso de superación te transformó en una versión más sabia, fuerte y auténtica de ti misma.

La Gratitud

Ahora, mirando hacia atrás, puedes ver este desafío no como un obstáculo, sino como un regalo. Te ha permitido crecer de maneras que nunca imaginaste y te ha enseñado a valorar la vida y las oportunidades que ofrece con una nueva perspectiva. Por difícil que haya sido, este desafío te ha llevado a un lugar de mayor comprensión y gratitud por la vida.

Cada desafío que enfrentamos es una oportunidad para profundizar en nuestro viaje de crecimiento personal. Aunque los momentos difíciles pueden parecer insuperables, recuerda que son estos mismos desafíos los que nos permiten descubrir nuestra verdadera fuerza y potencial. Tu capacidad para superar y transformarte es un testimonio de tu resiliencia y tu espíritu indomable. Celebra cada paso de este viaje, porque es tuyo y solo tuyo, lleno de aprendizaje, amor propio y, sobre todo, una profunda transformación hacia la mujer que estás destinada a ser.

Recuerda que cada palabra leída, cada reflexión hecha y cada revelación descubierta, ha sido un paso hacia el más hermoso de los destinos: el amor propio. Este libro no es el final, sino un nuevo comienzo, una invitación perpetua a seguir explorando, valorando y celebrando la maravillosa mujer que eres.

Eres un ser de luz infinita, capaz de enfrentar desafíos con gracia, de transformar vulnerabilidades en fortalezas y de encontrar belleza en cada esquina de tu ser. El camino hacia el amor propio es eterno y está lleno de aprendizajes, pero cada paso te acerca más a la autenticidad y plenitud que ya residen en ti.

Te invito a seguir creciendo, a no detenerte ante los miedos o las dudas, a abrazar cada parte de ti con cariño y comprensión. Recuerda que en tu vulnerabilidad se encuentra tu mayor poder, y en tu capacidad de amarte a ti misma, la llave hacia una vida llena de magia y posibilidades.

Lleva contigo las lecciones de este libro como semillas de esperanza y transformación. Que cada día sea una oportunidad para practicar la compasión hacia ti misma, para reconocer tu valor inquebrantable y para celebrar la única e irrepetible persona que eres. El mundo necesita tu luz, tu risa, tu amor y tu verdad. No hay nadie más en el universo exactamente como tú, y eso, querida mujer, es tu regalo más precioso a este mundo.

Sigue adelante con la frente en alto, el corazón abierto y la certeza de que el amor propio es tu derecho de nacimiento. Este viaje es tuyo, lleno de posibilidades infinitas y bellezas por descubrir. Que cada día te encuentres un poco más, te ames un poco más fuerte y te acerques un poco más a la esencia pura y brillante de quien verdaderamente eres.

Con amor y admiración por la valiente mujer que decides ser cada día

Muchas Gracias.

Espero que estés disfrutando de tu lectura. Si te ha gustando el libro, me encantaría escuchar tu opinión. Tu reseña no solo ayudaría a otros lectores a descubrir este libro, sino que también sería increíblemente valiosa para mí. Cada reseña cuenta y realmente hace una gran diferencia.

Cuando termines, por favor, considera tomarte un momento para dejar una reseña en Amazon.

¡Gracias por tu apoyo y por ser parte de la comunidad de lectores!

Made in the USA
Las Vegas, NV
18 November 2024

12073840R10090